Schaum's Foreign Language Series

FINANCE
ET
COMPTABILITE

LECTURES ET VOCABULAIRE

EN FRANÇAIS

Katia Brillié Lutz

Conrad J. Schmitt

McGraw-Hill, Inc.

New York   St. Louis   San Francisco   Auckland
Bogotá   Caracas   Lisbon   London   Madrid   Mexico   Milan
Montreal   New Delhi   Paris   San Juan   Singapore
Sydney   Tokyo   Toronto

Sponsoring Editors: John Aliano, Meg Tobin
Production Supervisor: Janelle Travers
Editing Supervisor: Patty Andrews
Cover Design: Wanda Siedlecka
Text Design and Composition: Suzanne Shetler/Literary Graphics
Graphs: Andrew D. Salik
Printer and Binder: R.R. Donnelley and Sons Company

FINANCE ET COMPTABILITE

Copyright © 1993 by McGraw-Hill, Inc. All rights reserved. Printed in the United States of America. Except as permitted under the Copyright Act of 1976, no part of this publication may be reproduced or distributed in any form or by any means, or stored in a data base or retrieval system, without the prior written permission of the publisher.

1 2 3 4 5 6 7 8 9 10 11 12 13 14 15 DOC DOC 9 8 7 6 5 4 3 2

ISBN 0-07-056810-3

Library of Congress Cataloging-in-Publication Data
Lutz, Katia Brillié
  Finance et comptabilité: lectures et vocabulaire en français
  Katia Brillié Lutz, Conrad J. Schmitt
      p.   cm. — (Schaum's foreign language series)
  ISBN 0-07-056810-3
  1. French language — Business French.   2. French language —
  Readers — Finance.   3. French language — Readers — Accounting.
  4. French language — Textbooks for foreign speakers — English.
  5. Accounting — Problems, exercises, etc.   6. Finance — Problems.
  exercises, etc.   I. Schmitt, Conrad J.   II. Title.   III. Series.
  PC2120.C6L87   1993
  448.6'421'02465 — dc20   91-11288
                                        CIP

ABOUT THE AUTHORS

Katia Brillié Lutz

Ms. Lutz was Executive Editor of French at Macmillan Publishing Company. Prior to that, she taught French language and literature at Yale University and Southern Connecticut State College. Ms. Lutz also served as a Senior Editor at Harcourt Brace Jovanovich and Holt, Rinehart and Winston. She was a news translator and announcer for the BBC Overseas Language Services in London. Ms. Lutz has her Baccalauréat in Mathematics and Science from the Lycée Molière in Paris and her Licence ès lettres in Languages from the Sorbonne. She was a Fulbright Scholar at Mount Holyoke College. Ms. Lutz is the author of many foreign language books at all levels of instruction. She presently devotes her full time to teaching French at the United Nations and writing.

Conrad J. Schmitt

Mr. Schmitt was Editor-in-Chief of Foreign Language, ESL, and Bilingual Publishing with McGraw-Hill Book Company. Prior to joining McGraw-Hill, Mr. Schmitt taught languages at all levels of instruction from elementary school through college. He has taught Spanish at Montclair State College, Upper Montclair, New Jersey; French at Upsala College, East Orange, New Jersey; and Methods of Teaching a Foreign Language at the Graduate School of Education, Rutgers University, New Brunswick, New Jersey. He also served as Coordinator of Foreign Languages for the Hackensack, New Jersey, Public Schools. Mr. Schmitt is the author of many foreign language books at all levels of instruction, including the communicating titles in Schaum's Foreign Language Series. He has traveled extensively throughout France, Canada, Martinique, Guadeloupe, Haiti, Tunisia, and Morocco. He presently devotes his full time to writing, lecturing, and teaching.

# PREFACE

The purpose of this book is to provide the reader with the vocabulary needed to discuss the fields of Finance and Accounting in French. It is intended for the individual who has a basic background in the French language and who wishes to be able to converse in this language in his or her field of expertise. The book is divided into two parts—Part One, Finance and Part Two, Accounting. The content of each chapter focuses on a major area or topic relative to each of these fields. The authors wish to stress that it is not the intent of the book to teach Finance or Accounting. The intent of the book is to teach the lexicon or vocabulary needed to discuss the fields of Finance and Accounting in French. It is assumed that the reader has learned about these fields either through college study or work experience.

The specific field-related vocabulary presented in this book is not found in basic language textbooks. This book can be used as a text in a specialized French course for Finance and Accounting. The book can also be used by students studying a basic course in French who want to supplement their knowledge of the language by enriching their vocabulary in their own field of interest or expertise. This adds a useful dimension to language learning. It makes the language a valuable tool in the modern world of international communications and commerce. Since the gender of nouns related to professions in the romance languages involves grammatical changes that are sometimes quite complicated, we have, for the sake of simplicity, used the generic **le** form of nouns dealing with professions.

Using the Book

If a student uses the book on his or her own in some form of individualized study or leisurely reading, the following procedures are recommended to obtain maximum benefit from the book.

Since the specific type of vocabulary used in this book is not introduced in regular texts, you will encounter many unfamiliar words. Do not be discouraged. Many of the words are cognates. A cognate is a word that looks and may mean the same in both French and English but is, in most cases, pronounced differently. Examples of cognates are **la corporation** and **la compagnie.** You should be able to guess their meaning without difficulty, which will simplify your task of acquiring a new lexicon.

Before reading the chapter, proceed to the exercises that follow the reading. First, read the list of cognates that appears in the chapter. This cognate list is the first exercise of each chapter. Then look at the cognate exercises to familiarize yourself with them.

Continue by looking at the matching lists of English words and their French equivalents. These matching lists present words that are not cognates, that is, those words that have no resemblance to one another in the two languages. Look at the English list only. The first time you look at this exercise you will not be able to determine the French equivalent. The purpose of looking at the English list is to make you aware of the specific type of vocabulary you will find in reading the chapter. After having looked at the English list, read the French list; do not try to match the English-French equivalents yet.

After you have reviewed the cognates and the lists of English words, read the chapter quickly. Guess the meanings of words through the context of the sentence. After having read the chapter once, you may wish to read it again quickly.

After you have read the chapter once or twice, attempt to do the exercises. Read the chapter once again, then complete those exercises you were not able to do on the first try. If you cannot complete an exercise, check the answer in the Answer Key in the Appendix. Remember that the exercises are in the book to help you learn and use the words; their purpose is not to test you.

After going over the exercises a second time, read the chapter again. It is not necessary for you to retain all the words; most likely, you will not be able to. However, you will encounter many of the same words again in subsequent chapters. By the time you have finished the book, you will retain and be familiar with enough words to enable you to discuss the fields of Finance and Accounting in French with a moderate degree of ease.

If there is a reason for you to become expert in carrying on financial or accounting discussions in French, it is recommended that you reread the book frequently. It is more advantageous to read and expose yourself to the same material often. Do not attempt to study a particular chapter arduously until you have mastered it. In language acquisition, constant reinforcement is more beneficial than tedious, short-term scrutiny.

In addition to the vocabulary exercises, there is a series of comprehension exercises in each chapter. These comprehension exercises will provide you with an opportunity on your own to discuss business and marketing matters and will enable you to use the new vocabulary you just learned.

If you are interested in fields other than Finance and Accounting, you will find, on the back cover of this book, a complete list of the titles and the fields available to you.

☰ CONTENTS _____

PREMIERE PARTIE: LA FINANCE

CHAPITRE 1   Introduction   3

CHAPITRE 2   Le système financier   11

CHAPITRE 3   Les types d'entreprise   23

CHAPITRE 4   Les impôts   31

CHAPITRE 5   L'intérêt composé   37

CHAPITRE 6   Les plans d'investissement   41

CHAPITRE 7   Les états financiers   47

CHAPITRE 8   Planification et contrôle   53

CHAPITRE 9   Fusions et faillite   59

CHAPITRE 10   Finances internationales   63

DEUXIEME PARTIE: LA COMPTABILITE

CHAPITRE 11   Qu'est-ce que la comptabilité?   71

CHAPITRE 12   Les comptes   79

CHAPITRE 13   La balance de vérification   85

CHAPITRE 14   La balance carrée   89

CHAPITRE 15   Les états financiers   95

CHAPITRE 16   Le calcul des ventes   101

CHAPITRE 17   Le système de contrôle comptable   107

CHAPITRE 18   Le contrôle de l'argent liquide   113

CHAPITRE 19   Amortissement des immobilisations   119

CHAPITRE 20   Comptabilité des sociétés collectives   125

CHAPITRE 21   Les actions   131

CHAPITRE 22   Le flux monétaire   137

CHAPITRE 23   Analyse et ratios   141

CHAPITRE 24   La comptabilité de gestion   147

CHAPITRE 25   Le budget   153

CHAPITRE 26   Le commerce international   157

ANSWERS TO VOCABULARY EXERCISES   161
FRENCH-ENGLISH VOCABULARY   175
ENGLISH-FRENCH VOCABULARY   189
INDEX   201

Première partie
LA FINANCE

Chapitre 1
INTRODUCTION

Entreprises et finances

Pour comprendre le rôle que jouent les finances dans le commerce, il faut garder en tête les buts de l'entreprise. Une entreprise a comme but principal une valorisation maximum. Pour les investisseurs, c'est la valorisation maximum des actions. Les intérêts des actionnaires doivent être les mêmes que ceux de la direction, ce qui n'est pas toujours le cas. Les décisions que prennent la direction affectent la valeur de l'entreprise de plusieurs façons. Une décision peut résulter en un gain à court terme avec des effets négatifs à long terme et vice versa.

On discute beaucoup de la responsabilité sociale de l'entreprise. Quand on parle de valorisation maximum, il faut ajouter «dans les limites de la légalité». Certains investisseurs considèrent la protection de l'environnement et la justice sociale comme des buts importants pour l'entreprise. Dans les années 80 et 90, certains actionnaires ont voté en faveur de l'élimination des investissements en Afrique du Sud. D'autres ont protesté contre les investissements dans l'énergie nucléaire. Bien que l'intérêt que portent les investisseurs à l'environnement et à la justice sociale soit grand, la valorisation maximum reste toujours leur préoccupation principale et influence leur vote dans cette direction.

Les propriétaires d'une société anonyme sont les actionnaires. Les compagnies AT&T et IBM ont des centaines de milliers de propriétaires. Il est évident qu'ils ne peuvent pas tous diriger directement les opérations de l'entreprise. Les actionnaires votent pour élire les membres du conseil d'administration. Les membres du conseil d'administration élisent à leur tour un président qui s'appelle en France «le président-directeur général» (familièrement «le PDG»). Le président-directeur général et les membres du conseil d'administration sont les membres du comité directeur de l'entreprise. Aux Etats-Unis, en règle générale et selon la loi, une société doit avoir un président, un secrétaire et un trésorier. Les grandes entreprises ont beaucoup de membres du conseil directeur. Dans certaines sociétés, il y a plusieurs présidents et des douzaines de vice-présidents.

La direction du service des finances

Traditionnellement, c'est le trésorier qui est chargé des finances de l'entreprise. De nos jours, on trouve souvent deux nouveaux postes, ceux de contrôleur et de vice-président des finances. Les responsabilités du contrôleur sont la comptabilité et le contrôle. Le contrôleur s'occupe de la tenue des livres. Il identifie les variations et les déviations en ce qui concerne les résultats espérés; il gère le système des salaires, le paiement des impôts, les inventaires, les actifs immobilisés et toutes les opérations de comptabilité.

Le trésorier est responsable du financement et des investissements. Il s'occupe de l'argent liquide et autres actifs circulants, il cherche des fonds supplémentaires quand il en voit la nécessité et il investit des fonds dans des projets. Il prend part à la planification à long terme, il anticipe les changements dans la technologie, les coûts, les capitaux nécessaires pour les investissements, les gains rapportés par les nouveaux projets qui ont été proposés, la demande pour le produit. Il aide à déterminer l'influence des prix sur les gains. Il s'occupe aussi des assurances, des caisses de retraite, des programmes de motivation, etc.

La hiérarchie de l'entreprise

Dans la hiérarchie de l'entreprise, le contrôleur et le trésorier sont au même niveau. Leur supérieur est le vice-président chargé des finances. Toutes les opérations financières et la planification sont la responsabilité du vice-président chargé des finances. Il renseigne[1] et conseille[2] les membres du conseil d'administration sur tous les sujets en matière de finance.

Bien que la responsabilité des finances de la société soit entre les mains de spécialistes tels que le contrôleur et le trésorier, les employés des autres services contribuent aussi à la prise de décisions financières. Ceux qui travaillent à la fabrication, aux ventes, au marketing, tous jouent aussi un rôle. Les vendeurs, par exemple, peuvent indiquer les conséquences d'une hausse du prix du produit. Le rôle des finances dans une grande entreprise est si important que le président-directeur général est souvent choisi parmi les hauts responsables des finances, en général le vice-président chargé des finances. La structure administrative d'une entreprise typique est la suivante.

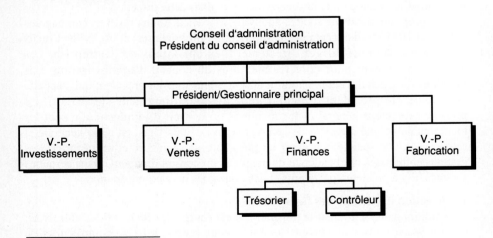

_____

[1]*informs*   [2]*advises*

Comme le conseil d'administration représente les actionnaires, c'est le conseil qui est le chef, et tous les membres de la direction (les vice-présidents, etc.) sont des employés. En général, lorsqu'il s'agit de décisions courantes, c'est le président qui les prend avec l'aide des vice-présidents et autres, mais c'est le conseil d'administration qui approuve ou rejette leurs recommandations.

Une autre façon de représenter une entreprise est par une pyramide.

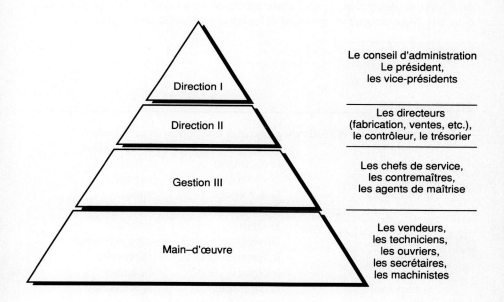

Fonctions administratives

Les fonctions des directeurs varient selon les niveaux. Il y a quatre fonctions administratives: (1) la planification, (2) l'organisation, (3) la direction et (4) le contrôle. Les directeurs du premier groupe se consacrent surtout à la planification, peu à la direction, et un peu à l'organisation et au contrôle. Ceux du deuxième groupe se consacrent beaucoup au contrôle et un peu aux trois autres domaines. Ceux du troisième groupe se consacrent beaucoup à la direction, peu ou pas du tout à la planification, un peu à l'organisation et au contrôle. Dans le domaine des finances, le vice-président s'occupe surtout de la planification et peu de la direction. Le contrôleur et le trésorier se consacrent plus au contrôle qu'à quoi que ce soit d'autre, et un peu aux trois autres fonctions.

Nous avons déjà dit que le but de l'entreprise est la valorisation maximum. Bien que ce but paraisse clair et simple, les moyens que l'on emploie pour l'atteindre[3] ne le sont pas. Les responsables des finances d'une société doivent tenir compte de nombreux facteurs lorsqu'ils prennent une décision. La politique dont le résultat est une valorisation positive à court terme peut avoir un résultat négatif à long terme. Mais aussi, un investissement qui rapporte plus à long terme peut être moins intéressant qu'un investissement qui rapporte moins à court terme parce que la valeur de l'argent change avec le temps. Un dollar maintenant avec un taux d'intérêt de 8% est un dollar, huit cents l'année prochaine et un dollar, dix-sept cents dans deux ans. Nous reparlerons plus tard de la valeur temporelle de l'argent.

---

[3]*achieve*

ETUDE DE MOTS

Exercice 1   Study the following cognates that appear in this chapter.

l'entreprise	le vice-président	à court terme
les finances	le contrôleur	à long terme
le rôle	la variation	négatif
le commerce	la déviation	social
la valorisation maximum	le résultat	nucléaire
l'intérêt	le salaire	principal
la décision	l'inventaire	supplémentaire
le gain	le financement	nécessaire
l'effet	les fonds	financier
la responsabilité	la nécessité	administratif
la limite	le projet	
la légalité	la planification	affecter
l'investisseur	le changement	considérer
la protection	le capital	protester
l'environnement	la demande	influencer
l'élimination	le produit	voter
l'investissement	le supérieur	élire
l'énergie	l'employé	concerner
la préoccupation	le marketing	investir
le vote	la conséquence	anticiper
le propriétaire	le technicien	financer
la compagnie	le machiniste	indiquer
l'opération	la fonction	approuver
le membre	l'organisation	rejeter
le président	le contrôle	varier
le secrétaire	le facteur	
le trésorier		

Exercice 2   Match the verb in Column A with its noun form in Column B.

A	B
1. décider e	a. l'investissement, l'investisseur
2. limiter g	b. la planification
3. investir a	c. l'organisation
4. considérer i	d. le contrôle
5. éliminer j	e. la décision
6. voter m	f. la nécessité
7. opérer k	g. la limite
8. contrôler d	h. l'anticipation
9. varier o	i. la considération
10. nécessiter f	j. l'élimination
11. planifier b	k. l'opération
12. organiser c	l. le financement
13. changer n	m. le vote
14. anticiper h	n. le changement
15. financer m	o. la variation
16. élire p	p. l'élection

Exercice 3   Complete each statement with the appropriate word(s).

1. Le trésorier et le <u>contrôleur</u> s'occupent des finances de l'entreprise.
2. La <u>demande</u> pour un produit détermine la quantité du produit qu'on vendra.
3. Une entreprise est une <u>société anonyme</u>
4. Le président est un <u>employé</u> du conseil d'administration.
5. Le <u>salaire</u> est l'argent que les employés reçoivent (sont payés) pour leur travail.

Exercice 4   Match the word in Column A with its definition in Column B.

A	B
1. le commerce	a. personne qui possède une chose
2. négatif f	b. l'ensemble des biens possédés
3. l'investisseur h	c. les produits qui restent
4. le propriétaire a	d. les affaires
5. identifier j	e. l'employé
6. la déviation m	f. pas bon
7. le salaire n	g. l'argent
8. le salarié e	h. celui qui investit son argent
9. les fonds g	i. accepter, dire que oui
10. l'inventaire c	j. déterminer la nature
11. le capital b	k. le contraire de «approuver»
12. approuver i	l. l'issue, la réalisation, la conséquence
13. rejeter k	m. un changement dans la direction normale
14. le résultat l	n. la rémunération

Exercice 5   Match the word or expression in Column A with its French equivalent in Column B.

A	B
1. board of directors e	a. l'investisseur
2. chief executive officer f	b. l'investissement
3. to elect h	c. à long terme
4. to direct j	d. à court terme
5. investor a	e. le conseil d'administration
6. investment b	f. le président-directeur général
7. stockholder, shareholder m	g. l'argent liquide
8. stock l	h. élire
9. short-term d	i. le taux d'intérêt
10. long-term c	j. diriger, gérer
11. accounting q	k. le paiement des impôts
12. fixed assets p	l. l'action
13. earnings r	m. l'actionnaire
14. cash g	n. la société anonyme
15. tax payment k	o. une hausse du prix
16. insurance s	p. les actifs immobilisés
17. interest rate i	q. la comptabilité
18. cost u	r. les gains, le revenu
19. price increase o	s. les assurances
20. corporation n	t. le but
21. goal t	u. le coût

Exercice 6   Select the appropriate word(s) to complete each statement.

investir   investisseur   investissement
action   actionnaire

1. Madame Lasserre veut _investir_ de l'argent dans l'entreprise Frères Compiègne, S.A.
2. Elle veut faire un _investissement_ dans la compagnie.
3. Elle veut acheter des _actions_.
4. Beaucoup d'_actionnaires_ achètent des actions dans les grosses entreprises.
5. Les _investisseurs_ ont le droit de voter pour (élire) les membres du conseil d'administration.

Exercice 7   Complete each statement with the appropriate word(s). _président-directeur général_
1. Le chef ou le directeur du conseil d'administration s'appelle _le PDG_.
2. Le _taux d'intérêt_ varie (change) mais à ce moment il est à peu près de 5%.
3. Le service de la _trésorerie_ s'occupe des finances de l'entreprise.
4. Les actionnaires vont _élire_ les membres du conseil d'administration pendant la réunion annuelle.
5. Un investissement _à court terme_ est pour une période de très peu de temps.

6. Il existe des _assurances_ sur la vie, contre les accidents du travail, etc.
7. Il ne l'a pas payé par chèque. Il l'a payé en _argent liquide_
8. Les _gains ou revenus_ sont les fonds (l'argent) que l'entreprise reçoit.
9. *Inc.* aux Etats-Unis est le sigle qui signifie *incorporated,* et «S.A.» en France est le sigle qui signifie « _société_ ». _anonyme_
10. Le ___but___ de n'importe quelle entreprise est la valorisation maximum.
11. Une _hausse de prix_ peut affecter la demande pour un produit.
12. Le ___coût___ est le prix d'une chose ou la somme d'argent qu'il faut dépenser pour le produire.

Exercice 8   Match the English word or expression in Column A with its French equivalent in Column B.

A	B
1. management c	a. les ventes
2. sales representative g	b. la fabrication
3. sales a	c. la direction, la gestion, l'administration
4. foreman i	d. la main-d'œuvre
5. worker j	e. le programme de motivation
6. manpower d	f. la caisse de retraite
7. accounting L	g. le vendeur
8. bookkeeping k	h. le chef de service
9. incentive program e	i. le contremaître, l'agent de maîtrise
10. department head h	j. l'ouvrier
11. pension fund f	k. la tenue des livres
12. manufacturing b	l. la comptabilité

Exercice 9   Give the word or expression being defined.
1. celui qui dirige les ouvriers   _le contre maître_
2. celui qui fait un travail manuel   _un ouvrier_
3. le directeur d'un département ou service d'une entreprise   _chef de service_
4. les fonds mis de côté pour les gens du troisième âge qui ne travaillent plus   _la caisse de retraite_
5. l'ensemble des ouvriers ou employés   _l'effectif, la main-d'œuvre_
6. le contraire de «achats»   _ventes_
7. celui qui est responsable des ventes   _le vendeur_
8. l'action de transformer des matières en produits d'usage courant   _la fabrication_
9. ce que l'entreprise offre aux employés pour les encourager à travailler plus   _le programme de motivation_
10. l'ensemble des dirigeants ou gestionnaires   _la direction, la gestion, l'admin_
11. le service chargé des comptes financiers   _la tenue des livres_

COMPREHENSION

Exercice 1   True or false?
1. Les actionnaires dirigent directement les opérations de l'entreprise. ✗
2. Les actionnaires élisent le président du conseil d'administration. ✓
3. Le contrôleur de l'entreprise s'occupe de la comptabilité et du contrôle financier de l'entreprise. ✓
4. Le contrôleur vérifie si l'entreprise réalise les résultats financiers espérés. ✓?
5. Le contrôleur est chargé de la planification à long terme. ✗
6. Le trésorier s'occupe des assurances, des caisses de retraite et des programmes de motivation. ✓

Exercice 2   Answer.
1. Quel est le but principal d'une entreprise? *une valorisation maximum*
2. Qui sont les propriétaires d'une société anonyme? *les investisseurs/ actionnaires*
3. Pour qui les actionnaires votent-ils? *le pdg et les* actionnaires*
4. Que fait le contrôleur? *il s'occupe de la comptabilité et du contrôle*
5. Qui gère le système des salaires, les inventaires et les actifs immobilisés? *le contrôleur*
6. Que fait le trésorier?
7. Le contrôleur et le trésorier sont presque toujours au même niveau dans la hiérarchie de l'entreprise. Qui est leur supérieur? *PDG*
8. Qui sont d'autres employés qui participent à la prise de décisions financières? *Le DPDG vice-président*
9. Qui se consacre le plus à la planification de l'entreprise? *le trésorier*
10. Qui se consacre le plus à la direction?
11. Pourquoi une décision financière qui rapporte plus à court terme peut-elle avoir des conséquences négatives à long terme?

Exercice 3   Prepare a list of responsibilities of the following individuals in a large corporation.
1. le contrôleur
2. le trésorier

* membres du conseil d'administration
6. Il fait les investissements et s'occupe de l'argent

Chapitre 2
LE SYSTEME FINANCIER

Pour avoir une économie stable et saine[1], il est indispensable d'avoir un système financier efficace. Examinons d'abord la partie du système formé par les institutions qui assistent le public et les entreprises dans le financement de l'achat de biens et services, dans l'investissement des capitaux et l'assignation des actions et obligations.

Le système financier est une aide précieuse quand il s'agit d'investir ses économies. Les économies sont les revenus ou l'argent qui restent aux individus ou aux entreprises une fois qu'ils ont payé les biens ou les services reçus pendant une période de temps déterminée. Ces revenus sont utilisés, d'une part, pour l'achat d'actifs immobilisés et, d'autre part, pour la production de biens ou de services. Les économies se transforment en investissements. L'individu ou l'entreprise peut, par l'intermédiaire du système financier, transférer à d'autres individus ou entreprises l'argent économisé pour le financement de projets. Ce genre de transaction résulte en un actif financier qui est la possibilité de revendiquer une portion des futurs revenus et des actifs de ceux qui ont émis le titre. Pour celui qui a émis l'actif, cette revendication (réclamation) est un passif financier. Pour chaque actif financier qu'a une personne ou une entreprise, il existe un passif financier correspondant.

Les marchés commerciaux

Pour l'achat et la vente des actifs, il y a les marchés commerciaux. Il y en a de deux types: les marchés primaires et les marchés secondaires. Les marchés primaires sont les marchés sur lesquels sont vendus les actions ou les titres nouvellement émis. Les marchés secondaires sont les marchés où sont négociés ultérieurement les actions ou les titres. La majorité des achats et ventes des titres s'effectuent par l'intermédiaire de courtiers ou d'agents de change. La majeure partie des activités des courtiers ou agents de change s'effectue sur les marchés secondaires. Ces marchés offrent de grands avantages au public. L'investisseur a une grande variété d'actifs financiers parmi lesquels choisir. Il ne se limite pas seulement aux actifs récemment émis. L'investisseur qui veut de l'argent liquide peut vendre ses actifs sans avoir à attendre l'échéance d'un titre. Les marchés secondaires sont également importants pour les actionnaires. Du moment que l'entreprise qui a émis les actions au départ existe toujours, les actions sont

---

[1] *healthy*

négociables. Il est évident qu'il y a toujours plus d'actions qui existe déjà que d'actions nouvellement émises. C'est pourquoi il y a beaucoup plus d'activité sur les marchés secondaires que sur les marchés primaires.

Les agents de change achètent des actifs financiers et les revendent ensuite. Ils gagnent la différence entre le prix auquel ils ont acheté et le prix auquel ils vendent. Les courtiers, eux, n'achètent pas d'actifs. Ils facilitent les contacts entre acheteurs et vendeurs. Les courtiers reçoivent une commission pour chaque transaction.

Les intermédiaires financiers

Ce sont les intermédiaires financiers qui font fonctionner le système financier. Les intermédiaires sont des institutions telles que les banques, les caisses d'épargne, les caisses d'emprunt-épargne et les compagnies d'assurances. Les intermédiaires offrent encore d'autres avantages en ce qui concerne les transferts de fonds:

- Liquidité et flexibilité. L'intermédiaire peut réunir les fonds de nombreux investisseurs pour fournir de grandes sommes à ceux qui ont besoin d'argent.
- Facilité et commodité. L'intermédiaire offre à ses clients toute une variété de services financiers.
- Diversification. L'intermédiaire a accordé des emprunts à une variété d'individus et d'entreprises, ce qui diminue les risques pour les investisseurs.
- Sécurité. Aux Etats-Unis, le gouvernement fédéral garantit les comptes bancaires de certaines institutions.
- Expérience. L'intermédiaire qui se consacre à l'achat et la vente des actifs en général connaît mieux le marché qu'aucun individu.

Les banques Les intermédiaires les plus communs sont les banques commerciales. Il y en a 15 000 aux Etats-Unis. Les banques commerciales offrent beaucoup de services: les comptes courants, les comptes d'épargne, les emprunts et les hypothèques. Il existe également beaucoup de caisses d'épargne et ce qu'on appelle aux Etats-Unis des *savings and loan associations*. Elles reçoivent les fonds que leurs clients versent dans leurs comptes d'épargne. Elles prêtent l'argent surtout à des individus qui veulent d'acheter une maison.

Les coopératives de crédit Les coopératives de crédit sont formées par des membres qui font partie de la même entreprise ou syndicat. Ces coopératives de crédit offrent des comptes d'épargne à leurs associés et utilisent l'argent pour faire des prêts à d'autres membres. Bien qu'elles soient presque toujours petites, ces institutions sont nombreuses. Il y en a plus de 20 000 aux Etats-Unis.

D'autres intermédiaires financiers sont les compagnies d'assurances, les caisses de retraite, les caisses d'emprunt et les sociétés de placement.

Les compagnies d'assurances Les compagnies d'assurances sont des intermédiaires très importants dans le système financier. Elles sont de deux sortes: celles qui couvrent les risques d'accidents de personnes (travail, décès, etc.) et celles qui couvrent des accidents de biens (incendies, pertes d'objets de valeur, etc.). Le contrat d'assurance s'appelle «une police». L'assuré paie une certaine quantité d'argent—la prime—à la compagnie d'assurances. La compagnie promet de payer une indemnité si l'assuré souffre de dommages contre lesquels il s'est assuré. Il peut s'agir d'une assurance vie, d'une assurance vol, d'une assurance incendie. Une assurance contient souvent une franchise, c'est-à-dire un montant qui est déduit de l'indemnité en cas d'accident. La compagnie reçoit des primes de beaucoup de personnes pour payer les pertes de beaucoup moins de personnes. Elle investit ensuite ce qui reste. Les polices d'assurances ont un élément d'épargne. En effet, une partie de la prime est gardée comme dépôt bancaire et accumule des intérêts. Avec le temps, le total augmente à mesure que les paiements de primes s'ajoutent ainsi que les intérêts. Les compagnies d'assurances accumulent des quantités énormes d'argent grâce à leurs investissements.

Les caisses de retraite Les caisses de retraites servent à donner des revenus aux personnes à la retraite ou invalides. Les travailleurs et leurs patrons contribuent de l'argent à une caisse commune. Cet argent est transformé en actions, titres, obligations ou hypothèques.

Les sociétés de placement Les sociétés de placement sont des institutions qui paient des professionnels pour investir et gérer[2] leur capital. Chaque action est une partie du total des investissements. Les actionnaires de ce genre de société ont le droit de vendre leurs actions à la société quand ils le veulent. Les actions des sociétés de placement ne sont pas négociables sur le marché secondaire. L'avantage pour l'investisseur est qu'il peut investir dans une grande variété d'actions et de titres.

Les caisses d'emprunt Les caisses d'emprunt sont de différents types; elles reçoivent généralement des fonds des banques de dépôt ou émettent des titres. Elles accordent des emprunts à court terme avec des taux d'intérêt élevés. Très souvent, leurs clients sont des gens qui ont de la difficulté à obtenir des prêts des banques.

Les effets de commerce

Les intermédiaires financiers négocient sur le marché des valeurs. Les effets qu'ils négocient sont de différents types.

L'argent Le gouvernement émet les billets de banque et les pièces. Les dépôts à vue (comptes courants de chèques) peuvent aussi être considérés comme de l'argent puisque les chèques fonctionnent comme de l'argent.

Les dettes Presque tout le monde fait des dettes—les individus, les entreprises et le gouvernement. Le débiteur (celui qui fait une dette) promet de repayer un certain montant au créancier dans une durée de temps déterminée. Les entreprises font des dettes, mais elles émettent aussi des actions. Les actions sont la propriété de l'entreprise. Les possesseurs d'actions sont les propriétaires de l'entreprise. Les actionnaires reçoivent une portion des bénéfices de l'entreprise, mais seulement une fois que celle-ci a payé ses créanciers. C'est pourquoi les créanciers de l'entreprise savent ce qu'ils vont recevoir mais pas les actionnaires.

---

[2]*manage*

Les dettes peuvent être des hypothèques, des titres du gouvernement ou des obligations en tous genres. Le gouvernement fédéral, les états et les municipalités émettent des titres. L'avantage des titres municipaux est que les intérêts sont exemptés de l'impôt fédéral. Seules les grosses sociétés émettent des titres. Les petites entreprises font simplement un emprunt à la banque. Les obligations sont à long term et servent à financer la construction de nouvelles usines ou des projets de ce genre. L'entreprise promet de payer au porteur un certain montant pendant une durée de temps déterminée. Quand ce temps est écoulé, l'entreprise paie le prix de l'obligation. Par exemple, une obligation de 1 000 $ qui arrive à échéance en 20 ans avec un taux de coupon de 10% par an rapportera 100 $ par an pendant 20 ans, plus sa valeur initiale de 1 000 $. Le coupon est l'intérêt que l'on paie au porteur, en général deux fois par an.

Les actions Les actions sont de deux sortes, les actions ordinaires et les actions privilégiées. Les actionnaires qui détiennent des actions ordinaires, reçoivent des dividendes, c'est-à-dire un pourcentage des bénéfices. Mais, s'il n'y a pas de bénéfice, il n'y a pas de dividende. D'autre part, en cas de perte ou de liquidation, les actionnaires sont payés après le règlement du passif. Les titulaires d'actions privilégiées rapportent à leurs titulaires des dividendes fixes. D'autre part, ils reçoivent leurs dividendes avant ceux qui possèdent des actions ordinaires.

L'achat et la vente s'opèrent dans les Bourses de valeurs. La plus célèbre est celle de New York, mais il y en a d'autres aux Etats-Unis et dans d'autres pays. Les entreprises doivent satisfaire certaines conditions pour pouvoir s'inscrire[3] à la Bourse. La plus exigeante est celle de New York. L'American Stock Exchange l'est un peu moins. Les petites sociétés, en général, vendent leurs actions hors marché, sans faire partie de la Bourse des valeurs. Les Bourses servent de marché pour l'achat et la vente des actions; elles renseignent les investisseurs sur les cours des actions; elles tendent à maintenir les prix stables; elles facilitent la circulation de nouvelles émissions de valeurs.

Les titres et les obligations Les titres et les obligations représentent des emprunts à long terme, c'est-à-dire des emprunts de plus d'un an d'échéance, et se négocient sur les marchés de capitaux (financiers). Les emprunts à court terme se négocient sur les marchés monétaires. Ce sont les fonds fédéraux, les bons du Trésor, les certificats de dépôt.

Les fonds fédéraux sont les dépôts de réserve des banques de dépôt. Ils se vendent et s'achètent entre banques par unités de 1 000 000 000 $. Ces prêts sont de un ou deux jours. Les taux d'intérêt peuvent varier d'heure en heure. Le volume de ces transactions peuvent atteindre 20 milliards de dollars par jour.

Les bons du Trésor Les bons du Trésor sont des emprunts à court terme. Le bon a une valeur nominale, 1 000 $ par exemple, et arrive à échéance en 12 mois. Le gouvernement le vend avec un escompte de 50 $, pour 950 $. Quand le bon arrive à échéance au bout d'un an, le porteur reçoit 1 000 $ du gouvernement.

---

[3]*to be registered*

Les taux d'intérêt Les taux d'intérêt sont le prix du crédit sur les marchés financiers. En général, si les taux d'intérêt sont élevés pour un type d'actif, ils le sont aussi pour les autres. Différents facteurs affectent les taux d'intérêt. L'offre et la demande affectent également le marché. S'il y a beaucoup d'argent disponible, les taux baissent. S'il y en a peu, les taux montent. –

En résumé, les entreprises qui ont besoin d'argent ont plusieurs recours. Elles peuvent émettre des actions ordinaires et privilégiées. Elles peuvent faire un emprunt; à court terme, l'emprunt peut se payer à la banque ou à ceux qui fournissent les biens ou services. A long terme, l'emprunt peut être une hypothèque avec les biens immobiliers ou les actifs immobilisés de l'entreprise comme garantie de paiement, ou l'émission d'obligations non garanties.

ETUDE DE MOTS

Exercice 1   Study the following cognates that appear in this chapter.

le système	la diversification	financier
l'institution	le service	négociable
le financement	le risque	exempte
l'investissement	le contrôle	fédéral
le capital	le contrat	commercial
les capitaux	le dépôt	
l'assignation	l'intérêt	investir
les revenus	le chèque	payer
l'intermédiaire	la dette	transférer
la commission	le débiteur	se transformer
la transaction	le possesseur	accumuler
la banque	l'état	contribuer
le transfert	la municipalité	
les fonds	les dividendes	
la liquidité	le certificat de dépôt	
la flexibilité		

Exercice 2   Select the appropriate word(s) to complete each statement.

1. Une valeur (stable / négociable) est un titre ou action qu'on peut négocier pour une certaine somme d'argent.
2. (L'intérêt / La commission) est la somme d'argent qu'on paie à une personne pour avoir vendu quelque chose.
3. Un compte d'épargne paie des (intérêts / dividendes).
4. L'entreprise et les employés (négocient / contribuent) à la caisse de retraite.
5. (La banque / Le fond) est une institution financière.
6. Les actions paient à l'actionnaire (un dividende / une commission).
7. Une économie (stable / instable) fonctionne bien.

Exercice 3   Match the word or expression in Column A with its definition in Column B.

A	B
1. la dette	a. le versement
2. le débiteur	b. amasser
3. accumuler	c. l'argent, les ressources
4. le dépôt bancaire	d. le porteur, le titulaire
5. les capitaux	e. dispensé
6. le possesseur	f. l'argent que l'on doit
7. les fonds	g. les actifs
8. exempté	h. celui qui doit de l'argent, le contraire de «créancier»

Exercice 4   Match the English word or expression in Column A with its French equivalent in Column B.

A	B
1. stock market	a. le courtier
2. stockbroker	b. négocier
3. stockholder	c. la Bourse, le marché des valeurs
4. trader	d. l'agent de change
5. over the counter	e. le créancier
6. government bond	f. l'actionnaire
7. savings	g. le titre (bon) du gouvernement
8. investment	h. hors marché
9. investor	i. le montant
10. due (maturity) date	j. l'investisseur
11. bearer, holder	k. les économies
12. to elapse, to be up	l. l'investissement
13. cash	m. l'actif
14. asset	n. le passif
15. liability	o. la date d'échéance
16. claim, demand	p. le titulaire, le porteur
17. face value	q. la revendication, la réclamation
18. to trade	r. s'écouler
19. creditor	s. la valeur nominale
20. sum, total	t. l'argent liquide

Exercice 5   Match the English word or expression in Column A with its French equivalent in Column B.

A	B
1. federal taxes	a. le marché des capitaux
2. common stock	b. les impôts fédéraux
3. preferred stock	c. monter
4. capital market	d. l'action ordinaire
5. money market	e. le marché monétaire

6. Treasury bill	f. baisser
7. supply and demand	g. l'action privilégiée
8. to go up	h. l'offre et la demande
9. to go down	i. le bon du Trésor
10. discount	j. l'escompte
11. commercial instruments	k. les effets de commerce

Exercice 6 Select the appropriate word(s) to complete each statement.
1. L'achat et la vente des actions s'effectuent _____.
   a. au marché des valeurs   b. au service de ventes
   c. chez l'actionnaire
2. _____ achète et vend des actions pour ses clients.
   a. L'investisseur   b. Le créancier   c. Le courtier
3. Le créancier a des _____.
   a. passifs   b. actifs   c. escomptes
4. Le débiteur a des _____.
   a. passifs   b. actifs   c. escomptes
5. L'argent-papier et les pièces sont _____ mais les actions et les bons
   (titres) n'en sont pas.
   a. des obligations   b. de l'argent liquide   c. des économies
6. On doit investir ses _____ pour accumuler plus d'argent.
   a. économies   b. comptes   c. passifs
7. Les actions sont des _____ qui ont un certain degré ou facteur de
   risque.
   a. ressources   b. investissements   c. valeurs
8. Un autre mot qui veut dire «possesseur» est «_____».
   a. courtier   b. porteur   c. créancier
9. Les investisseurs transforment leurs _____ en investissements.
   a. économies   b. balances   c. dettes
10. Une dette est un _____.
    a. actif   b. passif   c. investissement

Exercice 7 Give the word or expression being defined.
1. celui qui achète et vend des actions pour ses clients
2. le célèbre marché à Wall Street
3. une unité de propriété dans une grosse entreprise
4. les capitaux et les biens que possède un individu
5. le contraire de «actif»
6. la somme
7. l'argent qu'on ne dépense pas, qu'on peut épargner (mettre de côté)
8. ce qu'il faut contribuer au gouvernement à Washington
9. un titre
10. celui qui a (est titulaire) des actions
11. faire du commerce

12. prime payée à un débiteur qui paie sa dette (s'acquitte de sa dette) avant l'échéance
13. augmenter
14. diminuer
15. valeur inscrite sur une monnaie ou une valeur mobilière
16. une réclamation, une demande

Exercice 8   Match the English word or expression in Column A with its French equivalent in Column B.

A	B
1. commercial bank	a. le compte d'épargne
2. savings bank	b. le compte courant
3. credit union	c. la banque commerciale
4. savings account	d. l'emprunt, le prêt
5. checking account	e. la société de placement
6. day-to-day account, demand account	f. la caisse d'épargne
7. deposit, to deposit	g. émettre un titre
8. loan	h. la coopérative de crédit
9. mortgage	i. les biens et services
10. interest rate	j. le billet de banque
11. goods and services	k. le compte à vue
12. to issue a bond	l. le versement (dépôt), verser
13. pension fund	m. la pièce
14. mutual fund	n. l'hypothèque
15. bank note	o. la caisse de retraite
16. coin	p. le taux d'intérêt

Exercice 9   Answer the following questions.
1. Vous avez un compte courant?
2. Vous avez un compte d'épargne?
3. Vous avez un compte à vue ou à terme?
4. Vous avez votre compte dans quelle banque?
5. C'est quel type d'institution financière?
6. Quel est le taux d'intérêt actuel (présent) de votre compte d'épargne?
7. Vous faites combien de versements par mois?
8. Vous avez une maison? Vous en êtes le (la) propriétaire?
9. Vous avez une hypothèque?

Exercice 10   Select the appropriate rejoinder to each statement.
1. Il a besoin d'argent.
   a. Il va faire un prêt.
   b. Il va l'emprunter.
   c. Il va le verser dans son compte d'épargne.

2. Elle va emprunter de l'argent où elle travaille.
   a. Elle va à la caisse d'épargne.
   b. Elle va à une banque commerciale.
   c. Elle va à la coopérative de crédit.
3. Elle veut de l'argent pour acheter une maison.
   a. Elle va demander une hypothèque.
   b. Elle va faire un petit emprunt.
   c. Elle va ouvrir un compte.
4. Elle veut verser de l'argent dans son compte d'épargne.
   a. Elle veut faire un emprunt.
   b. Elle veut faire un versement (dépôt).
   c. Elle veut acheter un bon.

Exercice 11   Match the English word or expression in Column A with its
French equivalent in Column B.

A	B
1. insurance company	a. l'assurance vol
2. policy	b. la compagnie d'assurances
3. premium	c. l'assurance incendie
4. insured	d. la police
5. compensation, benefit	e. la prime
6. deductible (amount)	f. l'assurance vie
7. life insurance	g. la perte
8. theft insurance	h. l'assuré(e)
9. fire insurance	i. la franchise
10. loss	j. l'indemnité

Exercice 12   Answer the following questions.
1. Vous avez une police d'assurance?
2. C'est pour quel genre d'assurance?
3. C'est combien la prime?
4. Quelle est la date d'échéance de la prime?
5. Cette police d'assurance paie des dividendes?
6. Les dividendes s'accumulent?
7. Vous avez souffert des pertes ou des dommages récemment?
8. La compagnie d'assurances vous a payé une indemnité?
9. La police d'assurance contient une franchise?
10. La franchise est de combien?

COMPREHENSION

Exercice 1   Answer.
1. Que sont les économies?
2. Comment peut-on transformer les économies en investissements?

3. Que font les courtiers?
4. Pourquoi pour chaque actif financier existe-t-il un passif correspondant?
5. Qu'est-ce qu'il y a pour l'achat et la vente des actifs?
6. Citez quelques intermédiaires financiers.
7. Quels sont les avantages que les intermédiaires offrent en ce qui concerne les transferts de fonds?
8. Quelles sont les deux sortes de compagnies d'assurances?
9. Qu'est-ce qu'une compagnie d'assurances permet de faire?
10. Comment les polices d'assurance ont-elles un élément d'épargne?
11. Que représente chaque action d'une société de placement?
12. Expliquez ce qu'est une action.
13. Que reçoivent les actionnaires?
14. Pourquoi les entreprises et le gouvernement émettent-ils des titres?
15. Quelle est la différence entre une action ordinaire et une action privilégiée?
16. Que représentent les titres et les obligations?
17. Quels sont des exemples d'emprunts à court terme qui se négocient sur les marchés monétaires?
18. Que sont les bons du Trésor?
19. Quels sont des facteurs qui affectent les taux d'intérêt?

Exercice 2   Select the appropriate word(s) to complete each statement.
1. Un actif pour un individu est (un passif / une commission) pour un autre.
2. L'individu qui (achète / émet) un actif a une revendication contre les futurs revenus de l'entreprise.
3. Les marchés (primaires / secondaires) sont les marchés sur lesquels sont vendues les actions nouvellement émises.
4. La majeure partie des activités des courtiers s'effectuent sur les marchés (primaires / secondaires).
5. Les (banques / emprunts) sont des intermédiaires financiers.
6. Les (banques commerciales / caisses d'épargne) offrent plus de services financiers.
7. Les (banques commerciales / caisses d'emprunt-épargne) ne reçoivent leurs fonds que par les versements faits sur les comptes de leurs clients.
8. Les (caisses de retraite / sociétés de placement) servent à donner des revenus aux personnes qui ne travaillent plus.
9. Les (banques commerciales / caisses d'emprunt) ont des taux d'intérêt plus élevés.
10. Les (actions / titres) sont des unités de propriété dans une entreprise.
11. Les (grosses / petites) entreprises émettent des titres.
12. Les titres que l'entreprise émet représentent pour l'entreprise (une dette / un bénéfice).

13. L'achat et la vente des actions s'opèrent aux (Bourses de valeurs / compagnies d'assurances).
14. Les (grosses / petites) entreprises vendent leurs actions hors marché.

Exercice 3 Follow the directions.
1. Préparez une liste de six genres d'investissements.
2. Préparez une liste de cinq intermédiaires financiers.
3. Préparez une liste de cinq instruments financiers.

Exercice 4 Identify the following terms.
1. les marchés primaires
2. les marchés secondaires
3. les coopératives de crédit
4. la prime
5. la société de placement

Chapitre 3
LES TYPES D'ENTREPRISE

Aux Etats-Unis, les grandes entreprises s'appellent des *corporations*. Leur nom est suivi du sigle *Inc.* («incorporé»). En France, les grandes entreprises sont des sociétés anonymes, «S.A.».

Pour comprendre l'idée de *corporation* ou société anonyme, il faut penser au concept de la personne. La personne physique est un homme ou une femme. Elle a un nom, un domicile et certaines responsabilités vis-à-vis de l'Etat. Mais il y a aussi la personne juridique. Ce peut être un club, une fondation ou une entreprise. Par exemple, McGraw-Hill, Inc., est une personne juridique qui a un domicile, New York, et une série de responsabilités.

Les entreprises de propriété individuelle Dans le monde du commerce, la personne physique doit être propriétaire d'un petit commerce—une entreprise de propriété individuelle. Le propriétaire n'a pas besoin d'investir beaucoup de son temps en formalités légales pour s'établir. Il n'a pas à répondre à un conseil d'administration ni à des actionnaires. Il est son propre chef. Il doit payer des impôts sur ses bénéfices, mais il n'a pas à les partager[1] avec qui que ce soit. Par contre, il est responsable des pertes. Il pourrait même avoir à céder son domicile et ses biens personnels pour s'acquitter de ses dettes commerciales. D'autre part, il ne peut pas réunir de grosses sommes d'argent. Il ne peut ni vendre des actions ni émettre des obligations. L'entreprise de propriété individuelle a la même longévité que son propriétaire. Le propriétaire meurt[2] et le commerce meurt aussi.

Les sociétés collectives

Les sociétés collectives sont formées de deux associés ou plus. Les associés décident ce que chacun investira dans l'entreprise. L'investissement peut être de l'argent, du travail ou d'autres biens et services. Les associés décident également les bénéfices que chacun recevra (tirera de l'association). Les bénéfices de la société collective sont distribués aux associés et ils paient les impôts sur leur rente personnelle. Il existe deux types de sociétés collectives: les sociétés générales (en nom collectif) et les sociétés limitées. Dans une société collective générale tous les associés sont responsables individuellement et collectivement de toutes les dettes de la société. Dans une société collective limitée il y a deux genres d'associés. Il y a au moins un associé général qui est responsable de toutes les dettes. Les associés limités investissent de l'argent dans la société et partagent une

---

[1]*share* [2]*dies*

partie des bénéfices, mais le maximum de leur responsabilité pour les dettes de la société est la somme qu'ils y ont investie.

Les avantages d'une société collective sont les suivants:
• La possibilité de réunir des talents et des ressources complémentaires
• La facilité avec laquelle on peut former ce genre de société
• Le peu d'interférence de la part du gouvernement.

Les désavantages sont les suivants:
• Le passif illimité de tous les associés, excepté de ceux à part limitée
• L'absence de permanence: Si l'un des associés prend sa retraite ou meurt, l'association est dissoute.

Toutefois, de nos jours, les associés signent souvent un accord pour sauvegarder l'association au cas où l'un d'entre eux prend sa retraite ou meurt: ils achètent la part de celui qui prend sa retraite ou héritent de la part de celui qui vient de mourir. Les sociétés collectives les plus communes sont les associations d'avocats et de comptables.

Les sociétés anonymes

Un troisième type d'entreprise commerciale est la société anonyme qui a une personnalité juridique. Les sociétés anonymes ne constituent que 20% des entreprises, mais elles réalisent 78% des revenus. Tout comme la personne physique, la personne juridique peut vendre, acheter et transférer des propriétés; elle peut conclure des accords, poursuivre ou être poursuivi en justice. Les cinq caractéristiques d'une société anonyme sont les suivantes:
• Elle a une personnalité juridique.
• Elle a une longévité illimitée.
• Elle a le droit de participer à certaines opérations commerciales.
• Elle est la propriété des actionnaires.
• Les actionnaires ne peuvent perdre que ce qu'ils ont investi.

En plus des grandes sociétés anonymes qui ont des milliers ou des centaines de milliers d'actionnaires, il y a des sociétés anonymes moins importantes qui ne vendent pas leurs actions sur le marché des valeurs. Une société de moins de 500 actionnaires ou de moins de 1 000 000 $ en actifs n'a pas à rendre ses comptes publics si elle ne participe pas au marché des valeurs. La société Hallmark, les hôtels Hyatt et la United Parcel Service (UPS) sont de telles sociétés.

Il existe aussi des sociétés dont le but n'est pas de gagner de l'argent; ce sont les sociétés à but non lucratif. Leurs buts ne sont pas économiques, mais sociaux, religieux, artistiques. Un exemple aux Etats-Unis est le réseau public de radio et télévision PBS.

Les sociétés qui ne sont pas entièrement indépendantes sont des filiales. Les actions des filiales appartiennent à[3] d'autres sociétés qui contrôlent leurs opérations. Un autre type de société est le holding. Les holdings exercent peu, ou même aucun, contrôle sur les sociétés dont ils possèdent les actions.

---

[3]*belong to*

Les avantages d'une société anonyme sont les suivants:
- Le passif est limité: Les actionnaires ne peuvent perdre que la valeur de leurs actions.
- La liquidité: Les investissements dans des sociétés anonymes peuvent être transformés en argent liquide sur les marchés de valeurs.
- La longévité illimitée.

Les désavantages sont les suivants:
- L'obligation légale de rendre ses comptes publics: Quelquefois, la société doit révéler des bénéfices à court terme qui peuvent avoir un impact négatif à long terme.
- Le coût élevé des exigences légales pour établir une société anonyme et émettre des actions.
- L'imposition fiscale élevée: Les impôts sont plus élevés pour les sociétés anonymes que pour les autres sociétés ou les individus.

Les actionnaires sont les propriétaires des sociétés anonymes, mais ils ne sont pas tous égaux. Certains actionnaires sont plus puissants[4] que d'autres. Plus on a d'actions, plus on a de pouvoir lorsqu'il s'agit de voter. Dans de grosses sociétés comme Exxon, les actionnaires qui ont peu d'actions n'ont pratiquement pas de pouvoir. Les investisseurs institutionaux comme les caisses d'épargne, les compagnies d'assurances et les mutuelles représentent beaucoup de pouvoir—près de 25% de la valeur des actions et en l'an 2000, on prévoit 50%.

Une fois par an, il y a une réunion des actionnaires et du conseil d'administration où on élit les membres du conseil et on choisit un expert-comptable indépendant pour vérifier les comptes de la société. Les actionnaires qui ne peuvent assister à la réunion peuvent voter par procuration. Donner une procuration à quelqu'un, c'est lui donner le droit de voter pour vous.

---

[4]*powerful*

ETUDE DE MOTS

Exercice 1   Study the following cognates that appear in this chapter.

la personne physique	la liquidité	limité
le propriétaire	la longévité	négatif
le domicile	le coût	
la formalité	l'élection	sauvegarder
la dette		constituer
la somme	légal	transférer
le revenu	social	conclure
l'accord	religieux	participer
l'opération	artistique	exercer
la propriété	indépendant	élire
le holding		

Exercice 2   Match the verb in Column A with its noun form in Column B.

A	B
1. contrôler	a. l'élection
2. transférer	b. la participation
3. élire	c. la vérification
4. coûter	d. le contrôle
5. conclure	e. le transfert
6. participer	f. le coût
7. opérer	g. la conclusion
8. vérifier	h. l'opération

Exercice 3   Give the word or expression being defined.
1. lieu de résidence
2. ce que quelque chose coûte, le prix
3. somme annuelle qu'une personne ou société reçoit, soit de rente ou de rémunération
4. ce qui appartient à quelqu'un; ce qu'une personne possède
5. prendre part à
6. la quantité, le montant
7. protéger, défendre
8. celui qui possède quelque chose

Exercice 4   Match the word in Column A with its opposite in Column B.

A	B
1. limité	a. le désaccord, le conflit
2. négatif	b. commencer
3. la dette	c. dépendant
4. indépendant	d. le gain
5. l'accord	e. les dépenses
6. conclure	f. illégal
7. légal	g. positif
8. le revenu	h. illimité

Exercice 5   Match the English word or expression in Column A with its French equivalent in Column B.

A	B
1. business world	a. l'actif
2. earnings	b. le passif
3. taxes	c. le monde des affaires (du commerce)
4. assets	d. les bénéfices
5. liabilities	e. la société à but non lucratif
6. corporation	f. le revenu
7. partnership	g. par procuration
8. subsidiary	h. les impôts
9. nonprofit corporation	i. l'associé
10. profits	j. la propriété individuelle

11. certified public accountant
12. to sue, prosecute, take action against
13. by proxy
14. shareholder
15. stock market
16. to render accounts
17. partner
18. private ownership
19. board of directors
20. loss
21. to dissolve
22. right

k. la société anonyme
l. la société collective, l'association
m. rendre comptes
n. dissoudre
o. la filiale
p. le conseil d'administration
q. l'expert-comptable
r. la perte
s. le droit
t. poursuivre
u. l'actionnaire
v. le marché des valeurs

Exercice 6   Select the appropriate word(s) to complete each statement.

1. Les actionnaires vendent et achètent leurs actions _____.
   a. à la société collective   b. au marché de valeurs   c. au tribunal

2. _____ est une entreprise (compagnie) qui a plusieurs propriétaires.
   a. Une société anonyme   b. Un commerce   c. Une société collective

3. Il faut payer des impôts sur _____.
   a. ses actions   b. son revenu   c. ses comptes

4. Les _____ sont le capital et les biens que possède une personne ou société.
   a. actifs   b. actions   c. bénéfices

5. Les dettes sont des _____.
   a. actifs   b. passifs   c. associés

6. Une entreprise paie des impôts sur ses _____.
   a. actions   b. bénéfices   c. pertes

7. Une société collective a au moins deux _____.
   a. associés   b. actionnaires   c. comptables

8. Une organisation de bienfaisance (charité) est une entreprise _____.
   a. individuelle   b. anonyme   c. à but non lucratif

9. Une société anonyme peut _____ au tribunal.
   a. dissoudre   b. poursuivre   c. associer

10. L'Etat perçoit des _____.
    a. bénéfices   b. pertes   c. impôts

11. _____ vérifie les comptes de l'entreprise.
    a. L'expert-comptable   b. Le conseil d'administration
    c. L'associé limité

12. Les actionnaires ont le _____ de voter pour élire les membres du conseil d'administration.
    a. coût   b. compte   c. droit

13. Une _____ n'a qu'un propriétaire.
    a. association   b. propriété individuelle   c. société anonyme

14. Si on ne peut pas assister à la réunion, on peut voter par _____.
    a. élection   b. procuration   c. filiale
15. Une compagnie subsidiaire est _____.
    a. une filiale   b. une association   c. un holding

Exercice 7   Give the word or expression being defined.
1. le contraire de «fonder une société collective»
2. le contraire de «gain»
3. une entreprise dont le but n'est pas de gagner de l'argent
4. le titulaire ou le porteur d'actions
5. une entreprise qui a deux propriétaires ou plus
6. agir en justice contre quelqu'un
7. l'argent qu'on gagne ou perçoit

COMPREHENSION

Exercice 1   True or false?
1. Une personne juridique est un homme ou une femme qui a un nom et un domicile.
2. Une entreprise de propriété individuelle est celle dont le propriétaire est une personne physique.
3. Le propriétaire d'une propriété individuelle peut émettre des bons et des actions.
4. Le commerce de propriété individuelle paie des impôts sur ses bénéfices.
5. Une société collective limitée a deux types d'associés.
6. La responsabilité de l'associé général d'une société collective limitée se limite à la somme qu'il a investie dans la société.
7. Une société dont les actionnaires sont uniquement des investisseurs qui n'exercent aucun contrôle sur l'opération de l'entreprise est un holding.
8. Un actionnaire d'une société anonyme ne peut perdre que la valeur de ses actions.
9. Tous les actionnaires, même ceux qui ont très peu d'actions dans une grosse entreprise, exercent beaucoup de contrôle sur l'exploitation de l'entreprise.

Exercice 2   Tell what is being defined.
1. une entreprise dont les propriétaires sont des milliers d'actionnaires
2. un homme ou une femme qui a un nom et un domicile
3. un commerce qui a deux propriétaires ou plus
4. un petit commerce qui n'est pas obligé de rendre ses comptes publics
5. une entreprise dont le but est la maximisation de valeur
6. une compagnie dont les actions appartiennent à une autre compagnie qui exerce le contrôle sur son exploitation

Exercice 3   Answer.

1. Qui peut être une personne juridique?
2. Quel est un grand avantage pour le propriétaire d'une propriété individuelle?
3. Entre qui les bénéfices d'une association collective sont-ils partagés?
4. Quelle responsabilité a chaque associé d'une société collective générale?
5. Quels sont les avantages d'une société collective?
6. Combien de fois par an les sociétés anonymes ont-elles une réunion des actionnaires?
7. Que font les actionnaires pendant cette réunion?

Chapitre 4
LES IMPOTS

Pour mener à bien[1] les activités du secteur public—l'éducation, la défense nationale, la Sécurité Sociale, les autoroutes, etc.— l'Etat a besoin de fonds. Ce sont principalement les impôts qui rapportent des fonds à l'Etat. Aux Etats-Unis, le gouvernement fédéral, les états et les municipalités dépendent des impôts. Les impôts sur les revenus personnels sont la plus grande source d'impôts pour le gouvernement fédéral. Les impôts sur les ventes et les revenus personnels sont la principale source d'impôts pour les états et les impôts sur les biens immobiliers sont la plus grande source pour les gouvernements municipaux et locaux. Une source importante aussi bien pour le gouvernement fédéral que pour les gouvernements des états est les impôts prélevés sur les revenus des sociétés. Ils représentent pratiquement 10% des impôts fédéraux et 5% des impôts des états.

Les revenus imposables d'une société Les revenus imposables d'une société sont de deux sortes: le revenu qui provient de la vente des actifs et le revenu ordinaire. Le gain ou la perte par la vente des actifs est la différence entre le coût original d'un actif financier et le prix de vente. Si le prix de vente est supérieur, il y a un gain de capital. S'il est inférieur, il y a une perte de capital.

L'amortissement et déductions L'amortissement[2] économique est la diminution de la valeur de marché d'un actif pendant une période de temps, un an par exemple. L'amortissement a un effet sur les impôts. Par exemple, l'équipement d'une usine et les bâtiments perdent de leur valeur ou deviennent dépassés[3] et doivent être remplacés.

Une entreprise peut déduire de ses revenus les coûts du matériel, de la main-d'œuvre et autres coûts de ce genre quand elle paie ses impôts. Si une entreprise achète une machine pour 50 000 $, elle ne peut pas déduire ce montant l'année de l'achat, mais elle peut le faire petit à petit sur une période de plusieurs années. Récemment le gouvernement fédéral a introduit le terme de «récupération de coût» pour remplacer «amortissement». La longévité de certains actifs est:

les voitures et les camionnettes	4–5 ans
l'équipement technologique	
les meubles[4] de bureau }	10–16 ans
l'équipement agricole	
les maisons et les immeubles[5]	27 1/2 ans
les propriétés non résidentielles	37 1/2 ans

---

[1]carry out   [2]Note that **amortissement** means both "depreciation" and "amortization."
[3]obsolete   [4]furniture   [5]apartment building

Le revenu ordinaire et la plus-value Si l'amortissement d'un équipement qui a coûté 50 000 $ est de 20 000 $ au bout de trois ans, sa valeur est alors de 30 000 $. Si cet équipement se vend pour 40 000 $, tout le gain, c'est-à-dire la différence entre la valeur actuelle (30 000 $) et le prix de vente (40 000 $), est le revenu ordinaire (10 000 $). Si le même équipement se vend plus cher que son prix original de 50 000 $, disons 60 000 $, la différence entre la valeur actuelle (30 000 $) et le coût original (50 000 $) est le revenu ordinaire (20 000 $). La différence entre le coût original (50 000 $) et le prix de vente (60 000 $) est la plus-value (10 000 $). L'importance de la différence entre le revenu ordinaire et la plus-value est la différence entre les taux d'imposition. Les revenus ordinaires sont imposés à un taux de 39% et les plus-values à 34% pour certaines catégories d'entreprises, celles dont le revenu imposable est entre 100 000 $ et 335 000 $. (Ces taux d'imposition varient d'une année à l'autre selon les réglements de l'IRS.)

Au cas où l'on vend un actif dépréciable à un prix plus bas que celui de sa valeur actuelle, la différence est considérée comme une perte ordinaire et se déduit des revenus ordinaires imposables.

Les actionnaires doivent payer des impôts sur les dividendes qu'ils reçoivent. Les dividendes sont imposés aux mêmes taux que les plus-values. Les impôts sur les dividendes sont payés l'année où les dividendes ont été distribués. Les impôts sur les plus-values sont payés seulement quand les actions sont vendues. Les sociétés paient des intérêts aux porteurs de leurs titres, aux banques et autres institutions qui leur ont prêté de l'argent. Ces intérêts peuvent être déduits des revenus ordinaires. Par contre, les dividendes payés aux actionnaires ne peuvent pas être déduits, bien que les actionnaires paient des impôts sur les dividendes qu'ils reçoivent. Cela affecte la façon dont les entreprises gèrent leur capital. Elles retiennent une partie du salaire de leurs employés pour le paiement de l'impôt sur le revenu. Elles doivent aussi payer l'impôt sur les sociétés à l'avance. L'entreprise calcule son revenu pour l'année en se basant sur l'année précédante et paie ses impôts par trimestre, les 15 avril, juin, septembre et décembre. S'il y a une différence entre les deux années, l'entreprise paie cette différence le 15 mars de l'année suivante. Si l'entreprise ne paie pas en plusieurs versements, elle s'expose à une pénalité.

Comme la situation financière d'une entreprise varie considérablement d'une année à l'autre, le gouvernement permet que les dettes restent actives pendant 18 ans. Ainsi, s'il y a une perte de 1 000 $ une année et l'année suivante il y a un gain de 1 000 $, les deux s'annulent et il n'y a pas d'impôts à payer. Tous les ans, on calcule la moyenne du profit et c'est sur cette moyenne que l'on paie des impôts.

Les impôts sur les revenus personnels Aux Etats-Unis, chaque résident doit payer un impôt sur ses revenus personnels. Les revenus personnels ne se limitent pas aux salaires ou autres rétributions de travail. Ils incluent aussi les pourboires[6] (très importants dans le cas des serveurs, des chauffeurs de taxi, etc.) et les revenus qui se reçoivent sous forme d'intérêts (titres, bons du Trésor, etc.), les rentes, les cadeaux au-dessus d'une certaine somme, les pensions de divorce. Tout s'ajoute pour donner le revenu total imposable de l'individu.

---

[6]*tips*

Le revenu brut imposable Ensuite, pour calculer le revenu brut imposable, on peut déduire les suivants: les frais de déplacement[7] si le contribuable doit se déplacer pour son travail, les pensions de divorce, les contributions à un compte individuel de retraite. On ajoute tous ces ajustements et ce qui reste est le montant du revenu brut imposable.

De ce revenu brut, on déduit les exemptions personnelles et les déductions. Aux Etats-Unis l'exemption personnelle est de 2 150 $ par contribuable et 2 150 $ par personne à charge. Si le contribuable est aveugle[8] ou s'il a plus de 65 ans, le gouvernement lui permet de déduire 2 150 $ supplémentaires.

Les déductions peuvent être détaillées ou on peut prendre la déduction standard. Parmi les déductions détaillées, il y a les intérêts payés sur les hypothèques[9], les contributions aux œuvres de charité et autres.

Ce qui reste après que toutes les exemptions et les déductions ont été faites est le revenu imposable sur lequel on calcule le montant de l'impôt à payer. Le taux d'imposition dépend du revenu du contribuable. Le taux d'imposition varie d'une année à l'autre selon les règlements de IRS.

---

[7]*moving expenses*   [8]*blind*   [9]*mortgages*

ETUDE DE MOTS

Exercice 1   Study the following cognates that appear in this chapter.

le secteur	l'intérêt	local
l'éducation	la banque	principal
la défense	l'institution	original
la Sécurité Sociale	le capital	supérieur
les fonds	le salaire	inférieur
le gouvernement	l'employé	dépréciable
l'état	le paiement	personnel
la municipalité	le revenu	standard
la source	la situation	
le coût	la dette	dépendre
la différence	la rétribution	remplacer
la diminution	l'exemption	déduire
la période	la déduction	distribuer
l'effet		retenir
l'équipement	public	calculer
le matériel	national	financer
la catégorie	fédéral	varier
le dividende	municipal	inclure

Exercice 2 Match the expression in Column A with a related term in Column B.

A	B
1. les écoles	a. municipal
2. l'armée, la marine	b. déduire
3. de la ville ou municipalité	c. le matériel
4. une diminution de la valeur	d. le dividende
5. soustraire d'une somme	e. l'éducation
6. l'équipement dont on a besoin pour fabriquer quelque chose	f. l'amortissement
7. ce que paient les actions et autres types d'investissements	g. la défense nationale
8. la totalité des fonds et biens qu'a un individu ou une société	h. le capital

Exercice 3 Complete each expression with the appropriate word(s).

1. public sector   le secteur _____
2. national defense   la défense _____
3. Social Security   la Sécurité _____
4. federal government   le gouvernement _____
5. municipal government   le _____ municipal
6. principal source of income   la _____ principale de revenu
7. original cost   le coût _____
8. a period of time   une _____ de temps
9. financial situation   la _____ financière
10. standard deduction   la _____ standard
11. personal exemption   l'_____ personnelle

Exercice 4 Complete each statement with the appropriate word(s).

1. La _____ est une institution financière.
2. Une société a le droit de _____ une partie du salaire des employés pour payer les impôts au gouvernement.
3. _____ travaille pour l'entreprise et reçoit un _____ pour son travail.
4. Les actions paient des dividendes et les titres (bons) et beaucoup de comptes de banque paient des _____.
5. L'argent qu'on doit à quelqu'un d'autre est une _____.
6. La _____ entre le coût et le prix de vente est le bénéfice (profit).

Exercice 5 Match the English word or expression in Column A with its French equivalent in Column B.

A	B
1. personal income tax	a. le trimestre
2. sales tax	b. le revenu brut

 3. property (real estate) tax
 4. corporate taxes
 5. taxable income
 6. taxpayer
 7. dependent
 8. to take from, withhold
 9. tax rate
10. itemized deductions
11. gross income
12. quarter

c. les déductions détaillées
d. le taux d'imposition
e. prélever
f. la personne à charge
g. le revenu imposable
h. les impôts sur les sociétés
i. le contribuable
j. les impôts sur les biens immobiliers
k. les impôts sur les ventes
l. les impôts sur les revenus
   personnels

Exercice 6   Give the word or expression being defined.
 1. période de trois mois
 2. la personne qui paie des impôts
 3. celui dont le maintien est la responsabilité de quelqu'un d'autre
 4. le revenu total avant les déductions ou les coûts
 5. prendre une certaine somme sur un total
 6. les impôts que les sociétés paient
 7. les impôts qu'un individu paie
 8. les impôts sur la maison
 9. les impôts qu'on paie quand on fait un achat
10. le revenu sur lequel on est obligé de payer des impôts

Exercice 7   Match the English word or expression in Column A with its French equivalent in Column B.

A	B
1. gain	a. le montant
2. loss	b. la plus-value
3. sales price	c. le compte individuel de retraite
4. market value	d. le gain
5. total amount, sum	e. la perte
6. cost recovery	f. la récupération de coût
7. capital gain	g. prêter
8. to lend	h. la valeur de marché
9. individual retirement account	i. le prix de vente

Exercice 8   Give the word or expression being defined.
 1. un compte *IRA* dans une banque des Etats-Unis
 2. le contraire de «perte»
 3. la différence entre le coût original et le prix de vente quand celui-ci est supérieur
 4. la différence entre le coût original et le prix de vente quand celui-ci est inférieur
 5. ce que quelque chose vaut maintenant, le prix auquel on pourrait le vendre

6. donner une quantité d'argent à quelqu'un pour une période de temps
7. le total d'un compte
8. l'action de récupérer l'argent qu'on a payé ou dépensé pour quelque chose
9. le prix auquel on vend quelque chose

COMPREHENSION

Exercice 1   True or false?

1. Les impôts sur les revenus personnels sont la principale source de fonds pour le gouvernement fédéral.
2. Les impôts sur les biens immobiliers sont la principale source de fonds pour le gouvernement de l'état.
3. Les sociétés peuvent déduire de leurs revenus les coûts du matériel, de la main-d'œuvre et d'autres coûts de ce genre encourus pour la production des biens ou des services.
4. Une société peut déduire le prix total d'une machine l'année même de l'achat.
5. Les dividendes que les actionnaires reçoivent ne sont pas imposables.
6. La société peut déduire de ses revenus les intérêts qu'elle paie aux porteurs de leurs titres.
7. La société peut déduire les dividendes qu'elle paie aux actionnaires.
8. Il faut que les entreprises commerciales paient des impôts sur les sociétés à l'avance.

Exercice 2   Answer.

1. Pourquoi l'Etat a-t-il besoin de fonds?
2. Comment le gouvernement reçoit-il les fonds?
3. Qu'est-ce qui représente à peu près 10% des impôts fédéraux?
4. Qu'est-ce que l'amortissement?
5. Pourquoi la différence entre le revenu ordinaire et la plus-value est-elle importante?
6. Que paient les sociétés aux titulaires (porteurs) de leurs bons (titres)?
7. Pourquoi les sociétés retiennent-elles une partie des salaires de leurs employés?
8. Comment les sociétés paient-elles (contribuent-elles) leurs impôts?
9. Quelle est la différence entre le revenu brut et le revenu imposable?

Exercice 3   Follow the directions.

1. Faites une liste des choses imposables.
2. Faites une liste des choses qu'on peut déduire des impôts.

Chapitre 5
L'INTERET COMPOSE

Un dollar, c'est un dollar. En fait, ce n'est pas le cas. Un dollar aujourd'hui, placé dans un compte d'épargne, sera 1,05 $ dans un an. L'argent a une valeur temporaire qui change avec le temps. Quand on achète un actif financier, le bénéfice que l'on achète est un futur cash flow; ce sont, par exemple, les intérêts et les dividendes. Les acheteurs et les vendeurs sur les marchés de valeurs déterminent le prix d'une valeur. Le prix est le maximum que les acheteurs sont prêts à payer pour le futur cash flow que cela rapportera.

La valeur actuelle et future Le concept de la valeur actuelle et de la valeur future est très important. La valeur actuelle est la valeur de l'argent à un moment donné qui sera payé ou perçu à une certaine date dans le futur. La valeur future est la valeur de l'argent qui a été perçu dans le passé à une date future.

Exemple: Supposons que pour les prochaines vacances, vous ayez besoin de 1 200 $. La banque vous donne un taux d'intérêt de 5%. Combien faut-il verser à la banque maintenant pour avoir 1 200 $ l'année prochaine?

    Si F = valeur future
       P = valeur présente
       i = taux d'intérêt,
    donc $P = F/1$ (année) $+ i$.
    Si $P = $ 1 200 \$/1.05
    donc $P = $ 1 142,86 \$.

La valeur présente de 1 200 $ qui sera perçue dans un an avec un taux d'intérêt de 5% est 1 142,86 $. Le calcul est simple parce que c'est pour un an. S'il s'agit de plus d'un an et si l'intérêt est composé, c'est beaucoup plus compliqué. La formule pour calculer l'intérêt composé est $F = P(1 + 1i)^n$, n représentant le nombre de périodes de temps. Autrement dit:

    P = la valeur présente
    F = la valeur future
    i = le taux d'intérêt
    n = le nombre de périodes de temps

L'intérêt composé L'intérêt composé est simplement l'intérêt payé sur les intérêts. Par exemple, si on investit 1,00 $ à 10% d'intérêt composé, la valeur après

une période de temps (n)	est de	1,10 $
deux périodes		1,21 $
trois périodes		1,33 $
quatre périodes		1,46 $

Si au lieu d'investir 1,00 $, on investit 1 000,00 $, la valeur après

une période de temps (n)	est de	1 100,00 $
deux périodes		1 210,00 $
trois périodes		1 331,00 $
quatre périodes		1 464,10 $

Avec un taux d'intérêt composé de 6% par an, un investissement double pratiquement de valeur en 12 ans. Pour calculer le temps nécessaire pour doubler le montant on utilise la règle de 72. Divisez 72 par le taux d'intérêt composé et vous aurez le nombre (approximatif) d'années qu'il faudra pour doubler l'investissement. Par exemple, pour un taux d'intérêt de 6%, 72 ÷ 6 = 12 (ans).

Les annuités Les annuités sont des paiements réguliers en quantités égales. Les annuités les plus communes sont les paiements que versent à la banque les propriétaires d'une maison qui ont une hypothèque. Ils paient le même montant chaque mois pendant 20 ou 30 ans. Dans le cas d'une hypothèque, on calcule les intérêts composés, plus les paiements pour s'acquitter de la dette. Bien que le montant des paiements soit le même durant la totalité de la période, la portion allouée aux intérêts et celle allouée à la dette elle-même varient. La portion allouée aux intérêts diminue à chaque fois, alors que celle allouée au paiement de la dette augmente.

Il y a une série de formules pour calculer les valeurs présentes et futures selon les taux d'intérêts et les périodes de temps.

Il est important de savoir que les taux d'intérêt donnent à l'argent sa valeur temporelle. Il est important de connaître la valeur présente et la valeur future de l'argent quand on investit pour recevoir de l'argent liquide dans l'avenir, et quand on emprunte, le coût de moins d'argent liquide à l'avenir.

Puisque la marge d'autofinancement ou cash flow d'une entreprise est d'importance primordiale, les valeurs présentes et futures de l'argent le sont aussi. Si les clients ont 6 mois de retard pour payer les 1 000,00 $ qu'ils doivent, l'entreprise perd 50,00 $ parce que ces 1 000,00 $ investis à 10% deviennent 1 050,00 $ en 6 mois. Si l'entreprise calcule bien la valeur future de ses investissements, elle peut connaître l'état futur de son flux financier.

ETUDE DE MOTS

Exercice 1 Study the following cognates that appear in this chapter.

le dollar	l'annuité	simple
le cash flow	le paiement	compliqué
les intérêts	la dette	approximatif
les dividendes	la totalité	
le maximum	la période	investir
le concept	la portion	varier
le calcul	la série	diminuer
la formule	le double	augmenter
le nombre		

Exercice 2 Complete each statement with the appropriate word(s).

1. Un moment. Il faut que je fasse des _____. Un dollar à un taux d'intérêt de 10% pour une période de deux ans… ça fait un dollar vingt et un.
2. A un taux d'intérêt de 6% un investissement vaudra le _____ dans douze ans.
3. Une _____ de 12 mois est un an.
4. Un compte de banque paie des _____ et les actions d'une société anonyme paie des _____.
5. C'est le _____ qu'il paiera. Je t'assure qu'il ne te donnera un sou (centime) de plus.
6. A ce moment le _____ canadien a une valeur inférieure à celle du dollar des Etats-Unis.

Exercice 3 Give the word or expression being defined.

1. l'argent que l'on doit, un passif
2. à peu près
3. rendre plus grand
4. rendre plus bas, baisser
5. la quantité, le chiffre
6. l'idée
7. la monnaie des Etats-Unis
8. la partie
9. le total, l'ensemble
10. deux fois

Exercice 4 Match the English word or expression in Column A with its French equivalent in Column B.

A	B
1. time value	a. le flux monétaire
2. present value	b. l'investissement
3. future value	c. la valeur temporaire
4. cash flow	d. le compte d'épargne
5. compound interest	e. l'annuité

6. interest rate
7. investment
8. to borrow
9. annual payment
10. to invest, put in money
11. savings account
12. to return
13. to allocate
14. to pay (debts)

f. la valeur actuelle (présente)
g. la valeur future
h. s'acquitter
i. l'intérêt composé
j. allouer
k. placer
l. rapporter
m. le taux d'intérêt
n. emprunter

Exercice 5 Give the word or expression being defined.
1. ce que vaut un investissement aujourd'hui qui rapportera plus d'argent à une date ultérieure (future)
2. la valeur d'un investissement à la date d'échéance
3. le pourcentage que l'investissement paie sur le montant placé
4. un compte de banque dans lequel on peut verser ses économies et qui rapportera des intérêts
5. le paiement annuel
6. investir son argent
7. le cash flow
8. les intérêts payés sur des intérêts
9. le contraire de «prêter»
10. payer une dette
11. accorder ou attribuer une quantité d'argent

COMPREHENSION

Exercice 1 Answer.
1. Est-il toujours vrai qu'un dollar, c'est un dollar?
2. Pourquoi pas?
3. Qui détermine le prix d'une valeur?
4. Qu'est-ce que le prix?
5. Pourquoi l'argent a-t-il une valeur temporelle?
6. Qu'est-ce que l'intérêt composé?
7. Qu'est-ce que la règle de 72?
8. Qu'est-ce qu'une annuité?
9. Que sont les annuités les plus communes?
10. Si l'hypothèque est assez récente (nouvelle), la portion de l'annuité allouée à l'acquittement de la dette est grande ou petite?

Exercice 2 Explain the following in your own words.
1. la valeur présente ou actuelle de l'argent
2. la valeur future de l'argent
3. l'intérêt composé

Chapitre 6
LES PLANS D'INVESTISSEMENT

Les actifs de capital

Les actifs de capital sont les machines, les usines, les moyens de transport—les camions, par exemple—et tout autre équipement qu'emploient les usines pour la production de biens et de services qui, en général, dure et est utilisé pendant de nombreuses années. Aux Etats-Unis, les entreprises investissent annuellement quelques 300 milliards de dollars en actifs de capital. Puisque les dépenses que représentent les actifs de capital sont si énormes, les entreprises planifient et évaluent avec beaucoup de soin les actifs de capital qu'elles vont acquérir.

La procédure de choix d'investissement

La procédure de choix d'investissement *(capital budgeting)* a pour but de déterminer quels actifs de capital on va acquérir et de trouver des sources de financement.

Les plans d'investissement que préparent les entreprises sont à court terme et à long terme. De nombreuses entreprises préparent des plans d'investissement portant sur cinq ou dix ans. Ces plans sont basés sur les prévisions de ventes et sur l'équipement et l'usine nécessaire pour satisfaire cette demande.

La planification

Dans les plans d'investissement apparaissent toutes les requêtes des gestionnaires ou directeurs de départements ou services. Ces plans, avec documentation à l'appui, sont ensuite présentés à la direction générale qui, elle aussi, propose des projets. Lorsqu'il s'agit de nouveaux projets, ces plans d'investissement donnent souvent lieu à de vives discussions entre la direction générale et celle des divers départements ou services qui ont d'habitude la responsabilité des nouveaux projets. Les systèmes par lesquels le choix des investissements est fait par la direction s'appellent les systèmes «top-down» ou «du haut vers le bas». Les systèmes par lesquels les plans ont leurs origines dans les différents départements ou services s'appellent «bottom-up» ou «du bas vers le haut». Il faut noter que beaucoup d'entreprises ne soumettent pas les plans d'investissement à la direction générale quand il s'agit de dépenses inférieures à une certaine limite pour les actifs de capital, par exemple, 50 000 $.

Le plan d'investissement doit être constamment révisé parce que les conditions économiques changent. Les données recueillies par l'entreprise sur les nouvelles technologies, les variations de l'offre et de la demande, les coûts de production, entraînent aussi des modifications dans les stratégies d'investissement et, par conséquent, dans la planification d'investissement à court terme et à long terme.

Le flux financier

Comment le choix se fait-il? Quels sont les critères utilisés? Les recettes et les dépenses engendrées par un projet contribuent au flux financier. Le flux financier est l'argent que paie ou reçoit l'entreprise comme résultat du projet. Puisque le flux financier d'un projet est le changement du flux financier total de l'entreprise qui a fait l'investissement, une méthode pour calculer le flux financier d'un investissement est de comparer le flux financier de l'entreprise avec et sans cet investissement. La différence entre les deux est le flux financier supplémentaire qui provient de cet investissement.

Il y a trois stades[1] à suivre pour déterminer le flux financier d'une entreprise: (1) déterminer le changement du flux financier de l'entreprise; (2) établir le montant du flux financier et la date à laquelle il a été calculé; (3) analyser le flux financier selon la valeur présente nette (VPN) ou le taux de rentabilité.

La valeur présente du flux financier est la valeur actuelle en dollars. On emploie le principe de l'escompte des dollars futurs en tenant compte du taux d'intérêt ou d'escompte approprié. Ce taux d'intérêt ou d'escompte est le coût de capital.

La règle de la valeur présente dicte qu'il ne faut investir que si la valeur présente du flux financier futur est supérieure au coût de l'investissement. C'est-à-dire que l'on a une valeur présente nette. La valeur présente nette est la valeur présente du flux financier futur moins le coût initial. Quand on doit choisir entre deux alternatives, la règle de la valeur présente nette indique que le choix doit porter sur la VPN la plus élevée, et seulement quand cette VPN est positive.

Le taux de rentabilité interne

On peut également analyser le flux financier à l'aide du taux de rentabilité interne (TRI). Le taux de rentabilité interne, c'est le taux d'intérêt qui, si le capital avait été investi à ce taux, produirait la même rentabilité finale. C'est-à-dire, à la fin du projet, on obtient la même rentabilité que si le capital avait été placé dans une banque au taux donné. Alors pour sélectionner les projets, il suffit de prendre ceux dont le TRI est supérieur au coût du financement.

La période de remboursement

Mais la rentabilité n'est pas le seul critère à considérer. Il faut rentrer dans ses fonds le plus vite possible. Pour cela, on utilise un critère appelé «période de remboursement» ou *payback* qui est la période au bout de laquelle la somme totale des flux financiers provenant du projet est égale à l'investissement initial. C'est une méthode facile à utiliser, mais qui présente certains inconvénients. Elle ne tient pas compte de tous les flux financiers ni de l'escompte.

---

[1] *steps, stages*

Une autre méthode est celle du taux de rentabilité moyen (en anglais, *return on investment* ou *ROI*). Tous les ans, on peut calculer la contribution d'un projet au résultat net de l'entreprise par le ratio

$$\frac{\text{bénéfice net}}{\text{investissement net}}$$

Comme on fait ce calcul pour toute la durée de l'investissement, on peut faire la moyenne et obtenir le taux moyen de rentabilité. Cette méthode a l'inconvénient de ne pas tenir compte des fluctuations monétaires à travers le temps.

Le risque

Dans une économie dynamique, il existe toujours une certaine part d'incertitude en ce qui concerne l'avenir. Les investisseurs doivent accepter ce risque. Les revenus ou bénéfices sont, d'une certaine façon, le prix qu'ils reçoivent pour avoir assumé ce risque.

On peut s'assurer contre tous les risques: les incendies, les inondations, les accidents, etc. Mais il y a d'autres risques, ceux qui résultent des variations incontrôlables de l'offre et la demande, ceux contre lesquels on ne peut pas s'assurer. De nombreux risques accompagnent les variations des cycles économique et commercial. La prospérité apporte des bénéfices aux entreprises et la crise cause des pertes importantes. Mais même en période de prospérité, il y a des changements qui surviennent dans la disponibilité des ressources, dans les goûts des consommateurs et dans la politique fiscale et qui affectent les entreprises.

Les bénéfices et les pertes sont liés aux risques qui proviennent des changements dans les cycles et structures de l'économie.

ETUDE DE MOTS

Exercice 1   Study the following cognates that appear in this chapter.

l'équipement	la stratégie	investir
la procédure	le critère	planifier
la source	le ratio	évaluer
le financement	la raison	acquérir
la documentation	la variation	déterminer
le système bottom-up	la prospérité	réviser
le système top-down	la crise	calculer
le coût		analyser
la production	positif	
la modification	incontrôlable	

Exercice 2　Give the word or expression being defined.

1. du haut vers le bas
2. du bas vers le haut
3. l'origine
4. faire des projets
5. placer de l'argent
6. modifier et changer
7. ce qu'il faut payer
8. le contraire de «crise économique»
9. un changement mais pas radical
10. étudier d'une façon détaillée
11. la méthode utilisée
12. ensemble de renseignements et données
13. déterminer la valeur ou l'importance
14. faire une opération arithmétique, évaluer d'une manière précise

Exercice 3　Match the English word or expression in Column A with its French equivalent in Column B.

A	B
1. capital assets	a. le taux de rentabilité
2. capital budget	b. la valeur temporaire de l'argent
3. capital budgeting	c. le taux moyen de rentabilité
4. cash flow	d. les recettes et les dépenses
5. present net value	e. les recettes
6. interest rate	f. le seuil de rentabilité, le niveau
7. discount	d'équilibre
8. (internal) rate of return	g. la période de remboursement
9. cost of capital	h. l'investissement original
10. initial investment	i. le coût de capital
11. payback period	j. le taux de rentabilité (interne)
12. breakeven point	k. l'escompte
13. income, receipts	l. le taux d'intérêt
14. receipts and expenses	m. la valeur présente nette
15. return on investment	n. le flux financier (monétaire)
16. time value of money	o. le plan d'investissement
17. rate of return	p. la procédure de choix
	d'investissement
	q. les actifs de capital

Exercice 4　Select the appropriate word(s) to complete each statement.

1. Les machines, les usines et les moyens de transport que possède l'entreprise sont des _____.
   a. coûts　　b. dépenses　　c. actifs de capital

2. La période de temps nécessaire pour récupérer les coûts de l'investissement fait pour la production d'un bien est _____.
   a. la valeur présente   b. le taux moyen de rentabilité
   c. la période de remboursement

3. Ce qu'on prépare pour planifier et évaluer les actifs de capital d'une entreprise s'appelle _____.
   a. l'escompte   b. le plan (budget) d'investissement
   c. le coût de capital

4. Les _____ sont l'argent que l'entreprise perçoit.
   a. recettes   b. dépenses   c. valeurs

5. Le nombre d'unités d'un produit qu'il faut vendre pour récupérer le coût de l'investissement est _____.
   a. l'investissement initial   b. la période de remboursement
   c. le seuil de rentabilité ou le niveau d'équilibre

6. Les _____ sont l'argent que l'établissement commercial reçoit.
   a. recettes   b. investissements   c. dépenses

7. L'argent qu'il faut payer pour acheter des matériels, etc., sont les

   _____.

   a. recettes   b. investissements   c. dépenses

8. Ce que l'argent ou l'investissement vaut aujourd'hui est _____.
   a. le capital   b. la valeur présente (actuelle)   c. l'escompte

9. _____ indique combien on peut recevoir de ses investissements ou combien on doit payer pour des emprunts.
   a. Le taux d'intérêt   b. L'escompte   c. Le taux de rentabilité

10. A cause des intérêts, des dividendes, des escomptes, etc., l'argent a

    _____.

   a. un flux financier   b. une valeur temporelle
   c. une période de remboursement

Exercice 5   Match the English word or expression in Column A with its French equivalent in Column B.

A	B
1. equipment	a. l'offre et la demande
2. sale	b. le cycle commercial
3. production cost	c. la prévision des ventes
4. availability	d. le coût de production
5. fiscal policy	e. la production des biens et services
6. supporting documents	f. à long terme
7. business cycle	g. l'équipement
8. supply and demand	h. à court terme
9. collected data	i. la vente
10. manager	j. le but
11. sales forecast	k. la disponibilité
12. long-term	l. la politique fiscale

13. short-term
14. goal
15. production of goods and
    services

m. les données recueillies
n. le gestionnaire
o. la documentation à l'appui

Exercice 6   Give the word or expression being defined.
1. la façon d'utiliser l'argent
2. la quantité qu'on pense ou espère vendre
3. le directeur, l'administrateur
4. l'objectif
5. ce que les entreprises produisent par rapport à ce que le marché désire
6. pour une période de peu de temps
7. les données qui soutiennent la validité de la proposition
8. les renseignements qu'on a reçus (trouvés)
9. les dépenses qu'il faut encourir pour produire quelque chose
10. les machines, etc.

COMPREHENSION

Exercice 1   True or false?
1. Les entreprises investissent très peu d'argent dans des actifs de capital.
2. Les plans d'investissement que préparent les entreprises sont presque toujours à court terme.
3. Seule la direction générale d'une entreprise prépare le plan d'investissement.
4. Avant de prendre une décision sur l'investissement nécessaire pour commencer la production d'un nouveau projet, la direction compare le flux financier sans et avec l'investissement.
5. On ne doit faire un investissement que si la valeur présente du flux financier futur est supérieure au coût de l'investissement.

Exercice 2   Answer.
1. Expliquez ce que sont les actifs de capital.
2. Sur quoi les plans d'investissement portant sur cinq ou dix ans (à long terme) sont-ils basés?
3. Qui propose les projets qui se trouvent sur le plan d'investissement?
4. Pourquoi faut-il réviser souvent la procédure de choix d'investissement?
5. Quelle est la valeur présente du flux financier?
6. Pourquoi existe-t-il toujours des risques dans n'importe quel investissement?

Exercice 3   Explain the following terms.
1. le système budgétaire bottom-up
2. le système top-down
3. le coût de capital
4. TRI
5. VPN

Chapitre 7

LES ETATS FINANCIERS

Une entreprise bien gérée se sert de tous les renseignements nécessaires. Les états financiers sont très importants car ils indiquent à un moment donné la situation financière de l'entreprise. Sans ces renseignements, aucune planification n'est possible.

Le bilan

Le format du bilan d'une entreprise aux Etats-Unis (qui n'est pas toujours le cas en France) est le suivant: Les actifs sont classés par ordre de liquidité croissante[1]. En haut viennent les actifs qui peuvent être convertis en liquide le plus rapidement, en moins d'un an. Ce sont les actifs circulants ou réalisables. Les actifs qui ne peuvent pas être convertis au moins d'un an sont les actifs immobilisés (les immobilisations)—l'installation, l'équipement, etc. Ils viennent en bas du bilan.

Le passif du bilan se présente de la même façon. En haut viennent les titres (bons) qui ont une date d'échéance proche et donc doivent être payés dans très peu de temps. Ce sont les passifs circulants ou exigibles. Plus bas viennent les capitaux propres apportés par les actionnaires ainsi que les bénéfices (gains) non distribués.

CHAILLOT, S.A.
Bilan
Exercice 31 decembre 1992

Actif

Espèces (Liquide)		52 000 F
Valeurs (Titres) négociables.....................................		175 000 F
Effets à recevoir (Valeurs réalisables).......................		250 000 F
Stock (Inventaire)...		355 000 F
Total Actif réalisable (circulant)		832 000 F
Installation et équipement, brut........	1 610 000 F	
Moins amortissement......................	400 000 F	
Installation et équipement, net		1 210 000 F
Total Actif		2 042 000 F

Passif

Effets à payer (exigibles), frais à payer		87 000 F
Bons (Titres) à payer à 10%.....................................		110 000 F

---

[1]*increasing*

Passif accru		10 000 F
Impôts à payer		324 300 F
Bons à payer à 12%...		110 000 F
Total Passif exigible		342 000 F
Hypothèque à 8%..		520 000 F
Dettes à long terme à 10%...................................		200 000 F
Capital propre (200 000 actions)	600 000 F	
Bénéfices (Gains) non distribués	380 000 F	
Total Capital		980 000 F
Total Passif		2 042 000 F

L'état de résultat

L'autre état financier d'importance primordiale est l'état de résultat. En haut se présentent les ventes. Des ventes on déduit tous les frais encourus et tous les impôts pour déterminer le revenu net disponible pour les actionnaires ordinaires. En bas se présente le bénéfice par action, qui est le revenu net divisé par le nombre d'actions ordinaires en circulation.

CHAILLOT, S.A.
Etat de résultat pour 1992

Ventes..		4 000 000 F
Coût des marchandises vendues		2 555 000 F
Bénéfice brut		445 000 F
Moins frais d'exploitation		
Frais de ventes	22 000 F	
Frais généraux et de gestion....................	40 000 F	
Loyer (Location)	28 000 F	90 000 F
Revenu d'exploitation brut................................		355 000 F
Amortissement		100 000 F
Revenu d'exploitation net		255 000 F
Autre revenu et frais moins intérêts.............................		15 000 F
Moins frais d'intérêts		
Intérêt sur obligations	10 000 F	
Intéret sur hypothèque............................	40 000 F	
Intérêt sur dettes à court terme	20 000 F	70 000 F
Revenu net avant impôt		200 000 F
Impôt (40%)..		80 000 F
Revenu net après impôt		
(revenu disponible pour les actionnaires ordinaires)..		120 000 F
Bénéfice par action		0.60 F

Une entreprise peut utiliser ses bénéfices de deux manières. Elle peut les distribuer sous forme de dividendes aux actionnaires ou elle peut les réinvestir. Pour l'actionnaire le dividende est de l'argent qu'il reçoit et qu'il peut utiliser. Mais le réinvestissement entraîne une augmentation de la puissance de l'actionnaire dans l'entreprise.

L'état des bénéfices non distribués

L'effet sur le bilan des dividendes et des bénéfices (gains) non distribués se présente dans un autre état qui s'appelle l'état des bénéfices non distribués. Cet état indique le solde des bénéfices non distribués depuis la création de l'entreprise plus le revenu net de l'exercice actuel moins les dividendes payés en espèces aux actionnaires pendant le même exercice. (Voir La Comptabilité, pages 69-160.)

Les ratios financiers

Les gens qui analysent la situation financière d'une entreprise le font selon leurs intérêts. Les créanciers à court terme s'intéressent à la liquidité de l'entreprise et à sa rentabilité à court terme. Les actionnaires qui possèdent les titres à long terme s'intéressent à l'avenir de l'entreprise aussi bien qu'à sa situation présente.

Ratios de liquidité Ils évaluent la possibilité qu'a l'entreprise à satisfaire ses obligations à court terme.

Ratios de levier Ils évaluent la possibilité qu'a l'entreprise à satisfaire ses obligations à court et à long terme, c'est-à-dire l'évaluation de toutes ses dettes.

Ratios d'activité Ils évaluent l'intensité avec laquelle l'entreprise utilise ses ressources.

Ratios de rentabilité Ils évaluent le rendement obtenu par les rentes (revenus) et les investissements.

Ratios de croissance Ils évaluent la possibilité qu'a l'entreprise de maintenir sa position économique par rapport à la croissance de l'économie et de l'industrie en général.

Les ratios sont une manière rapide et facile de fournir des renseignements importants sur les opérations et la situation financière d'une entreprise. Les créanciers veulent savoir comment une entreprise peut payer ses dettes. Le gouvernement s'intéresse aux ratios d'industries telles que les chemins de fer et autres industries réglementées par le gouvernement pour déterminer leur santé économique et fixer les prix qu'elles pourront demander (faire payer). La direction de l'entreprise se sert des ratios pour prendre toutes sortes de décisions.

ETUDE DE MOTS

Exercice 1 Study the following cognates that appear in this chapter.

la situation	la possibilité	accru
la planification	l'intensité	de base
l'équipement	les ressources	encouru
la déduction	le gouvernement	net
la dette	le format	total
la manière	l'inventaire	
le dividende	le stock	convertir
le réinvestissement	la circulation	déduire
l'augmentation		réinvestir
la création		distribuer
le revenu		analyser
la liquidité		évaluer
l'obligation		satisfaire

Exercice 2   Complete each statement with the appropriate word(s).

1. Le bilan et l'état de résultat ont leur propre _____.
2. Le bilan indique la _____ économique ou financière de l'entreprise.
3. L'_____ est le stock qui reste.
4. Aux Etats-Unis et dans des pays étrangers il y a beaucoup de dollars en

   _____.
5. Une dette est une _____.

Exercice 3   Give the word or expression being defined.

1. le contraire de «brut»
2. étudier d'une façon détaillée
3. les rentes, les recettes
4. investir de nouveau
5. accumulé
6. ce qu'on doit
7. le stock
8. déterminer la valeur ou l'importance de quelque chose
9. fournir, donner à plusieurs personnes
10. ce que paient (rendent) les investissements

Exercice 4   Look at the following balance sheet. Give the French equivalent
for each entry.

BALANCE SHEET

Assets
    Cash
    Negotiable instruments
    Accounts receivable
    Inventory
      Total current assets
    Plant and equipment, gross
    Less depreciation
    Plant and equipment, net
    Total assets
Liabilities
    Accounts payable
    Notes payable
    Accrued expenses
    Taxes to be paid
      Total current liabilities
    Mortgage bonds
    Long-term debts
  Equity
  Retained earnings
    Total equity
    Total liabilities

Exercice 5 Look at the following financial statement. Give the French equivalent for each entry.

PROFIT AND LOSS SHEET

Net sales
Cost of goods sold
Gross margin
Operating expenses
 Selling costs (Cost of sales)
 General and administrative expenses
 Lease
Gross operating income
Depreciation
Net operating income
Other revenue and expenses except interest
Less interest expenses
 Interest on debentures
 Interest on mortgage
 Interest on short-term debts
Net income before taxes
Taxes
Net income after taxes
Earnings per share

Exercice 6 Match the English word or expression in Column A with its French equivalent in Column B.

A	B
1. profitability	a. l'état
2. balance	b. le ratio
3. ratio	c. les effets à recevoir, les valeurs réalisables
4. fiscal period	d. le revenu net
5. leverage	e. les frais d'exploitation
6. statement	f. la rentabilité
7. current assets	g. le bénéfice brut, la marge brute
8. liquidity	h. les effets à payer (exigibles)
9. accounts receivable	i. le solde, le bilan
10. accounts payable	j. l'actif réalisable (circulant)
11. accrued	k. l'état de résultat
12. net income	l. le rendement
13. gross margin	m. l'état financier
14. operating expenses	n. l'exercice
15. profit and loss statement	o. accru
16. financial statement	p. la date d'échéance
17. return	q. le levier
18. due date	r. la liquidité
19. growth	s. la croissance

Exercice 7   Give the word or expression being defined.
1. le revenu brut moins les frais
2. une période budgétaire
3. l'actif qu'on peut mobiliser (convertir en espèces) dans très peu de temps
4. la capacité de convertir l'actif en espèces très vite
5. ce que l'entreprise doit payer, les dettes dont la date d'échéance est arrivée
6. ce que les clients doivent à l'entreprise
7. ce qu'il coûte pour faire fonctionner l'entreprise
8. caractéristique d'une entreprise qui a plus de recettes que de frais (dépenses)

COMPREHENSION

Exercice 1   Answer.
1. Pourquoi les états financiers sont-ils importants?
2. Quel est le document de base pour déterminer la situation financière d'une entreprise?
3. Comment les actifs sont-ils classés sur le bilan?
4. Que sont les actifs réalisables?
5. Que sont les immobilisations?
6. Qu'est-ce que le passif exigible?
7. Quel est un autre document financier important?
8. Qu'est-ce qui se présente en haut de ce document?
9. Que déduit-on des ventes?
10. Comment le bénéfice par action est-il calculé?
11. Qu'indique l'état des bénéfices (gains) non distribués?
12. Pourquoi les créanciers s'intéressent-ils à la liquidité de l'entreprise et à la rentabilité à court terme?
13. Qu'est-ce qui intéresse plus les actionnaires?

Exercice 2   List some examples of the following items.
1. l'actif réalisable
2. l'actif immobilisé
3. le passif exigible
4. les frais
5. les intérêts et les dividendes

Exercice 3   Compare the following items.
1. les ratios de liquidité et ceux de levier
2. les ratios de rentabilité et ceux de croissance

Chapitre 8
PLANIFICATION ET
CONTROLE

Les budgets et les pronostics

La planification et le contrôle financiers dépendent de projections qui se basent sur certains normes. Chaque service de l'entreprise prépare des budgets et des pronostics. Dans le domaine de la production, on inclut le matériel nécessaire, la main-d'œuvre et les installations. Chaque sous-service comme celui du matériel prépare son propre budget détaillé. Le service des ventes prépare son budget. Le service de marketing fait de même. Quand toutes les projections des dépenses sont faites, elles sont inscrites dans un document qui est le compte de résultat.

Des projections des ventes, on tire les pronostics pour les investissements nécessaires à la production. Les projections des investissements réunis au bilan initial fournissent les renseignements nécessaires pour remplir le côté du bilan consacré à l'actif.

L'analyse du flux financier

On prépare aussi un budget ou une analyse du flux financier dans lequel on indique les effets des opérations prévues au budget d'après le flux financier de l'entreprise. Si le flux financier net est positif, l'entreprise a assez de financement pour les opérations prévues. Si le flux financier est négatif à cause d'une augmentation du coût des opérations, il faut trouver des fonds supplémentaires. Deux buts de la planification et du contrôle financiers sont d'augmenter la rentabilité et d'éviter que l'argent ne manque.

L'analyse du point d'équilibre

L'analyse du point d'équilibre, de même que les analyses de ratios et de flux financier, est utilisé pour analyser les données financières. L'analyse du point d'équilibre traite de la relation entre la rentabilité et les frais, les prix et le volume de production.

Comment varient les recettes quand le volume des ventes change (en supposant que les coûts et les prix ne changent pas)? Comment varient les recettes si les coûts et les prix changent? Le bénéfice net est égal aux revenus générés par les ventes moins tous les coûts, y compris la dépréciation, les intérêts sur les emprunts, les impôts, la main-d'œuvre, le matériel, la publicité et autres dépenses.

Les coûts sont fixes ou variables. Les coûts fixes sont ceux qui ne varient pas avec le volume de production. Ce sont les frais d'entretien des bureaux, de l'usine et de l'équipement, les impôts sur les biens immobiliers, le personnel. Les coûts variables varient selon le niveau de production. Les matériaux de production, la main-d'œuvre, l'électricité et autres sources d'énergie pour actionner les machines, le transport des produits, le matériel de bureau utilisé pour facturer, acheter ou percevoir sont, en général, des coûts variables.

Pour classifier les coûts en fixes et variables, il est utile de considérer trois facteurs: (a) le degré de changement du volume de production; (b) la période de temps nécessaire pour changer le coût; (c) la période de temps que durera le changement de niveau de production. Si les dépenses varient avec le niveau de production, le coût est variable. Sinon, le coût est fixe.

LES COUTS DE PLASTICOR, S.A.

Coûts fixes
Amortissement...	100 000 F
Entretien d'équipement (d'installation)..................	15 000
Salaires administratifs	47 000
Loyer	8 000
Frais administratifs	5 000
Publicité..	5 000
Intérêts sur les capitaux empruntés	
(Dotations aux amortissements)	20 000
Montant	2C0 000

Coûts variables (par unité produite [fabriquée])
Main-d'œuvre	3,00 F
Matériaux..	5,00
Commissions (primes) sur ventes	2,00
Montant	10,00

Les coûts fixes et variables

Les coûts fixes de Plasticor sont de 200 000 F n'importe quelle quantité l'entreprise produit ou vend pendant l'exercice (l'année fiscale). Ces coûts ne changent pas. Pour chaque unité du produit qu'on fabrique, Plasticor a un coût supplémentaire de 10 F. C'est un coût variable, et le montant (total) du coût variable dépend du volume de production.

PLASTICOR, S.A.

Unités vendues	Total coûts fixes	Total coûts variables	Total coûts	Ventes	Revenu net[††] (Perte)
0	200 000	0	200 000	0	(100 000)
10 000	200 000	100 000	300 000	150 000	(75 000)
20 000	200 000	200 000	400 000	300 000	(50 000)
30 000	200 000	300 000	500 000	450 000	(25 000)
40 000[†]	200 000	400 000	600 000	600 000	0
50 000	200 000	500 000	700 000	750 000	25 000
60 000	200 000	600 000	800 000	900 000	50 000
70 000	200 000	700 000	900 000	1 050 000	75 000

[†]point d'équilibre = 40 000 unités

[††]en supposant un taux d'imposition de 50%

L'analyse du point d'équilibre est utile pour déterminer l'effet qu'ont les variations des ventes sur les revenus. Les gestionnaires veulent savoir quand ils considèrent un nouveau projet ce qui arriverait (quel serait le résultat) si les ventes étaient moins bonnes que prévues ou si les frais étaient plus élevés que prévus. En fin de compte, les analyses de point d'équilibre sont utilisées pour évaluer les conséquences qu'entraîneraient des niveaux différents de ventes et de frais.

ETUDE DE MOTS

Exercice 1 Study the following cognates that appear in this chapter.

la planification	la production	fixe
le contrôle	le matériel	variable
la projection	l'installation	
la norme	le personnel	dépendre
le budget	le salaire	se baser
le pronostic	l'unité	inclure
le domaine	la commission	

Exercice 2 Give the word or expression being defined.
1. ce dont on a besoin pour produire ou fabriquer quelque chose
2. la prévision, le pronostic
3. le plan financier
4. les bâtiments, les bureaux, les usines
5. les employés, les cadres, les ouvriers
6. la rémunération, ce que l'employé reçoit pour son travail
7. pas fixe, qui change
8. chacun
9. la prime

Exercice 3 Match the English word or expression in Column A with its French equivalent in Column B.

A	B
1. itemized budget	a. le bilan initial
2. sales department	b. le ratio
3. profit and loss sheet (statement)	c. le bénéfice net
4. starting balance	d. le budget détaillé
5. breakeven point	e. la rentabilité
6. ratio	f. le service des ventes
7. profitability	g. facturer
8. income, receipts	h. l'état de résultat
9. net profit	i. l'entretien
10. maintenance, upkeep	j. le point d'équilibre
11. property taxes	k. le loyer
12. to bill	l. les impôts sur les biens immobiliers
13. to collect	m. percevoir
14. rent	n. les recettes

Exercice 4   Give the word or expression being defined.
1. les possibilités de réaliser des bénéfices
2. les revenus (recettes) moins tous les frais (coûts)
3. les impôts qu'on paie sur la maison, le terrain, etc.
4. l'état qui indique les gains et les pertes de l'entreprise
5. le revenu
6. la quantité d'une marchandise qu'il faut vendre avant de récupérer les coûts
7. relation entre deux quantités
8. le département chargé de vendre le produit
9. l'argent que le locataire paie mensuellement ou trimestriellement au propriétaire
10. préparer la note qui indique le prix
11. un plan qui indique tous les coûts et recettes prévues
12. service d'une entreprise chargé de maintenir les performances des équipements et du matériel

COMPREHENSION

Exercice 1   Explain the consequences of the following conditions.
1. Le flux financier de l'entreprise est positif.
2. Le flux financier de l'entreprise est négatif.

Exercice 2   Answer.
1. De quoi dépendent la planification et le contrôle financiers?
2. Que prépare chaque département ou service?
3. Qu'est-ce que l'état de résultat?
4. De quoi tire-t-on les pronostics pour les investissements nécessaires à la production?
5. Quels sont deux buts importants de la planification et du contrôle financiers?
6. De quoi l'analyse du point d'équilibre traite-t-elle?
7. Pourquoi l'analyse du point d'équilibre est-elle importante?
8. Qu'est-ce que les gestionnaires peuvent évaluer en analysant le point d'équilibre?

Exercice 3   Explain the following terms.
1. le bénéfice net
2. les coûts fixes
3. les coûts variables

Exercice 4   Follow the instructions.
1. Faites une liste de coûts fixes.
2. Faites une liste de coûts variables.

Exercice 5   Give the following information based on the breakeven analysis
done by Plasticor S.A.
1. le prix d'unité de leur produit
2. le montant des coûts fixes
3. le coût variable par unité
4. le taux d'impôts
5. le point d'équilibre

Chapitre 9
FUSIONS ET FAILLITE

Les fusions

Une fusion d'entreprises est l'union de plusieurs entreprises qui forme ainsi une nouvelle entreprise. Il y a deux possibilités: ou l'une ou plusieurs des entreprises disparaît, ou toutes les entreprises sont dissoutes et une nouvelle est créée. (Aux Etats-Unis on n'emploie le mot *merger* ou *fusion* que dans le cas où une des entreprises qui fait partie de l'union survit. Si toutes les entreprises sont dissoutes et une nouvelle est créée, on dit *consolidation*.) Lorsque les entreprises qui fusionnent sont dans la même branche industrielle—deux compagnies aériennes, par exemple—on parle de «concentration horizontale». On parle de «concentration verticale» lorsque les entreprises qui fusionnent s'occupent des différentes phases de la même industrie. Les grandes entreprises veulent contrôler le développement de la production au maximum. Par exemple, dans l'industrie automobile, une concentration verticale ira des mines de charbon[1] aux points de ventes en passant par les fabricants de pneus[2], des batteries, etc. Les conglomérats sont des fusions d'entreprises qui ont des activités différentes. La plupart sont des fusions de ce type.

Les entreprises considèrent une fusion quand elles pensent que la valeur totale sera plus élevée si elles s'unissent que si elles restent séparées. Les fusions ont comme résultat une baisse des impôts et la synergie. La synergie est une action coordonnée qui aboutit[3] à un résultat bénéfique pour toutes les parties concernées, comme la réduction des coûts de production, d'administration, de financement et de commercialisation.

Les fusions peuvent être amicales ou hostiles. Elles peuvent être simplement l'acquisition d'une entreprise par une autre. Une entreprise peut en acheter une autre, soit avec de l'argent liquide, soit avec des actifs, ou elle peut acheter la majorité des actions de l'autre entreprise. Tous les actionnaires, aussi bien ceux de l'entreprise qui achète que ceux de celle qui vend, veulent augmenter leurs bénéfices. Pour que l'acquisition soit acceptable pour les deux partis, il faut que le profit rapporté par les actions augmente dans l'avenir et que la valeur des actifs reçus soit supérieure à celle de ceux que l'on remet[4].

---

[1]*coal* [2]*tires* [3]*leads* [4]*puts up*

La faillite

La faillite d'une entreprise peut être de deux types, la faillite économique ou la faillite financière. Il y a faillite économique quand l'entreprise ne peut générer des profits suffisants au-dessus de ses investissements. La faillite financière a lieu lorsque l'entreprise ne peut pas payer ses créanciers. La faillite économique, si elle ne peut pas être évitée, entraîne la fermeture et la liquidation des actifs. La faillite financière sans faillite économique exige seulement des ajustements pour satisfaire les créanciers. Les ajustements peuvent être simplement un délai des paiements, ou aller jusqu'à la réorganisation de l'entreprise. Il y a une différence entre une restructuration et une réorganisation. Une entreprise peut volontairement se restructurer en éliminant certains postes, en combinant différentes fonctions, en éliminant certains niveaux de direction pour faire face à ses problèmes économiques et pour améliorer l'efficacité de ses opérations. Une réorganisation a lieu quand les créanciers de l'entreprise ont recours à la justice. Si les créanciers exigent une réorganisation, le tribunal peut nommer un administrateur et demander un plan de réorganisation. Une fois la réorganisation faite, les obligations précédantes sont annulées et de nouvelles sont émises par les créanciers.

Quand la faillite économique est finale, l'entreprise dépose son bilan. La liquidation de l'entreprise peut être privée, arrangée entre les créanciers et l'entreprise, ou être sous la direction du tribunal—chapitre 7 du code de faillite.

ETUDE DE MOTS _____

Exercice 1   Study the following cognates that appear in this chapter.

l'union	le profit	hostile
la branche	la liquidation	privé
la concentration	l'ajustement	
la phase	le délai	créer
l'industrie	la réorganisation	contrôler
le développement	la restructuration	s'unir
la production	le poste	se séparer
le conglomérat	l'administration	coordonner
la synergie	le financement	générer
la partie		éliminer
la réduction	industriel	améliorer
l'acquisition	concerné	annuler
la majorité	amical	

Exercice 2   Match the word in Column A with its opposite in Column B.

A	B
1. réunir	a. privé
2. l'augmentation	b. la minorité
3. hostile	c. séparer
4. l'acquisition	d. amical

5. la majorité e. la réduction
6. public f. la vente

Exercice 3 Complete the following terms in French.
1. to generate profits _____ des profits
2. hostile takeover une fusion _____
3. friendly (amicable) merger une fusion _____
4. reduction in production costs une _____ des coûts de
_____
5. administrative costs les coûts d'_____

Exercice 4 Give the noun form for each of the following verbs.
1. réorganiser
2. liquider
3. restructurer
4. acquérir
5. profiter
6. réduire
7. produire
8. développer
9. concentrer
10. financer

Exercice 5 Match the word or expression in Column A with its French equivalent in Column B.

A	B
1. merger	a. une baisse des impôts
2. to merge	b. le créancier
3. manufacturer	c. le tribunal
4. lowering of taxes	d. fusionner
5. bankruptcy	e. la fusion
6. creditor	f. faire face à
7. closing	g. la fermeture
8. to confront, face up to	h. le fabricant
9. court	i. déposer son bilan
10. to file for bankruptcy	j. la faillite

Exercice 6 Complete each statement with the appropriate word(s).
1. On cherche toujours une _____ des impôts, pas une hausse.
2. Une crise économique peut aboutir à des résultats négatifs pour l'entreprise dont le pire est la _____.
3. Quand la _____ est finale l'entreprise _____ son bilan.
4. De temps en temps si l'entreprise ne peut pas satisfaire ses _____, il ne faut que réorganiser ou restructurer l'entreprise pour _____ à ses problèmes économiques et améliorer l'efficacité de ses opérations.

5. Si la faillite est finale elle entraîne la _____ de l'entreprise.

6. L'union de deux ou plusieurs entreprises pour former une nouvelle entreprise est une _____.

COMPREHENSION

Exercice 1   True or false?

1. L'union de deux ou plusieurs entreprises est une fusion.

2. Si deux lignes aériennes fusionnent, c'est une concentration verticale.

3. Si deux entreprises qui ont des activités bien différentes fusionnent, c'est une concentration verticale.

4. La faillite financière d'une entreprise entraîne la fermeture immédiate de l'entreprise et la liquidation de tous ses actifs.

5. Une réorganisation a lieu quand les créanciers et l'entreprise ont recours à la justice.

Exercice 2   Answer.

1. Aux Etats-Unis, quelle est la différence entre une fusion et une consolidation?

2. Quelle est la différence entre la concentration horizontale et la concentration verticale?

3. Pour quelles raisons les entreprises considèrent-elles une fusion?

4. Comment la fusion peut-elle aboutir à un résultat bénéfique?

5. Que veulent les actionnaires quand il y a la possibilité d'une acquisition?

6. Quelle est la différence entre la faillite économique et la faillite financière?

7. Qu'est-ce que la faillite financière?

8. Qu'est-ce qui se passe quand il y a une réorganisation?

9. Qu'est-ce qui se passe quand la faillite économique est définitive?

Exercice 3   Explain the following terms.

1. une fusion

2. un conglomérat

3. une acquisition

4. une acquisition amicale

5. une acquisition hostile

6. la restructuration

7. la réorganisation

8. la faillite économique définitive

Chapitre 10
FINANCES
INTERNATIONALES

Ford a des usines en Espagne, en Grande-Bretagne, en Allemagne et au Mexique et dans beaucoup d'autres pays. Honda fabrique des automobiles aux Etats-Unis. Il y a des hôtels nord-américains en Europe et au Japon, comme il y a des hôtels japonais et européens aux Etats-Unis. Parmi les 50 plus grandes compagnies du monde, 33 sont japonaises, 14 sont nord-américaines et 3 sont britanniques.

Les transactions internationales

Une grande proportion des bénéfices des grosses sociétés des Etats-Unis provient du commerce international. A lui seul, l'achat d'actifs immobilisés à l'étranger par des entreprises nord-américaines est passé d'environ 12 000 millions de dollars en 1950 à 300 000 millions de dollars récemment. L'objectif des entreprises est le même dans le contexte international que dans le contexte national, c'est-à-dire de maximiser la valeur. Il s'agit d'acheter des actifs qui valent plus que le prix qu'on a payé, et de payer en émettant des titres qui valent moins que la somme d'argent qu'on a reçue pour eux. Ce qui complique ces transactions, c'est qu'elles se font en utilisant des devises diverses de valeurs différentes. Le fait que ces valeurs changent fréquemment représente un facteur de risque supplémentaire.

Le taux de change

Le taux de change indique la relation qui existe entre les monnaies de différents pays. Sur le marché des devises, il y a un taux de change pour le jour même (en réalité, 2 jours) et pour les jours qui suivent (une durée de 30, 90 ou 180 jours). Dans ce dernier cas, on prend en considération les variations possibles du taux de change et du taux d'intérêt.

Le marché de devises

L'échange de devises se fait dans le cadre d'un marché qui n'existe physiquement que dans les grandes banques centrales et commerciales. Les entreprises effectuent leurs échanges dans ces banques par l'intermédiaire du téléphone, du télex ou du télécopieur («fax»). Les deux grands centres pour l'échange de devises sont Londres et Tokyo. Tous les jours, plus de 200 000 millions de dollars en devises sont échangées dans ces deux centres. Les entreprises s'appuient[1] sur les prévisions du change pour se protéger contre des pertes causées par d'éventuelles fluctuations (les hausses et les baisses) des taux de change. Ces fluctuations peuvent résulter des fluctuations des taux d'intérêt ou bien de l'inflation ou encore d'événements politiques.

Les avantages d'une présence sur les marchés internationaux sont multiples pour les sociétés multinationales. Si Ford ne devait exporter que des voitures fabriquées aux Etats-Unis, le prix de production élevé aux Etats-Unis et les tarifs douaniers à payer à l'étranger aurait comme résultat un manque de compétitivité. Les voitures Ford seraient beaucoup trop chères en comparaison des voitures fabriquées dans le pays-même. C'est pourquoi Ford, Chrysler et General Motors ont des usines dans des pays étrangers. Les filiales des sociétés nord-américaines ont certains avantages. Elles n'ont pas à payer d'impôts aux Etats-Unis jusqu'à ce que les bénéfices soient payés à la maison mère aux Etats-Unis. Elles peuvent également déduire les impôts qu'elles paient à l'étranger.

Les risques

Tout mouvement d'argent d'un pays à un autre exige un flot de devises constant et un risque pour les entreprises. Par exemple, si un touriste nord-américain achète des perles à Tokyo pour 130 000 yens et le taux de change est de 130 yens le dollar, le prix des perles est alors 1 000 dollars. Il paie avec une carte de crédit. Le temps que la facture lui arrive, le taux du dollar est passé à 100 yens. Le touriste va donc être obligé de payer 1 300 dollars.

Le même genre de risque existe pour les entreprises et leurs transactions de milliers de millions de dollars. Un exemple typique des risques que courent les entreprises est le cas de Laker Airlines, une compagnie aérienne de Grande-Bretagne. Laker avait fait de gros emprunts en dollars. Mais ses revenus étaient surtout en livres sterling. Or dans les années 80 la valeur du dollar par rapport à la livre sterling a monté d'une façon importante. Laker s'est vu obligé de liquider parce que la compagnie ne pouvait plus payer ses dettes.

Les entreprises ont plusieurs façons de se protéger contre les fluctuations des taux de change—les marchés de change futur des devises ou les marchés des prêts entre autres.

En plus des risques que présentent les fluctuations des taux de change, les investissements à l'étranger sont également à la merci de changements politiques. Les crises du pétrole de 1973 et 1990 en sont deux exemples.

Depuis une vingtaine d'années, on assiste à un essor[2] fulgurant[3] du commerce international. Pour beaucoup de grosses sociétés, une grande partie des revenus provient d'investissements à l'étranger. Ce phénomène a aussi pour effet d'uniformiser le monde, pour le meilleur ou pour le pire.

---

[1]*rely* [2]*rise* [3]*meteoric*

ETUDE DE MOTS

Exercice 1   Study the following cognates that appear in this chapter.

la proportion	la fluctuation	supplémentaire
l'objectif	l'événement	central
le contexte	l'avantage	commercial
la valeur	la présence	politique
la transaction	la dette	
le facteur	le flot	maximiser
le risque		compliquer
la relation	international	indiquer
la variation	national	exporter
la banque	multinational	

Exercice 2   Complete each expression with the appropriate word(s).

1. additional risk   le _____ supplémentaire
2. international context   le contexte _____
3. multinational corporation la société _____
4. central bank   la banque _____
5. political events   les événements _____
6. risk factor   le facteur de _____

Exercice 3   Match the word in Column A with its opposite in Column B.

A	B
1. national	a. importer
2. la dette	b. minimiser
3. exporter	c. international
4. l'avantage	d. faciliter
5. l'inflation	e. le revenu
6. compliquer	f. le désavantage
7. maximiser	g. la récession

Exercice 4   Match the word in Column A with its definition in Column B.

A	B
1. international	a. la hausse et la baisse
2. multinational	b. une hausse dans le prix
3. la fluctuation	c. de beaucoup de pays
4. le pourcentage	d. la proportion
5. l'inflation	e. entre deux pays ou plus
6. l'objectif	f. envoyer des produits à l'étranger
7. exporter	g. ce qui arrive, la situation
8. l'événement	h. le but

Exercice 5   Match the English word or expression in Column A with its
French equivalent in Column B.

A	B
1. foreign currencies	a. la maison mère
2. exchange rate	b. la filiale
3. currency market	c. la prévision
4. loss	d. les devises
5. duty, excise tax	e. la monnaie
6. lack of competitiveness	f. le taux de change
7. parent company	g. le marché de devises
8. subsidiary	h. la grosse société
9. loan	i. l'emprunt
10. to manufacture	j. l'échange des devises
11. estimate, forecast	k. la perte
12. money exchange	l. le tarif douanier
13. factory	m. l'usine
14. large corporation	n. le manque de compétitivité
15. fixed assets	o. fabriquer
16. currency	p. les actifs immobilisés

Exercice 6   Complete each statement with the appropriate word(s).

1. Le franc français, le yen japonais, la livre sterling et le dollar sont des
_____.

2. Le _____ (la valeur relative des devises) n'est pas constant. Il varie
(fluctue).

3. On effectue les _____ de devises au _____ des devises.

4. La _____ des Etats-Unis est le dollar et la _____ française est
le franc.

5. Les bâtiments, le terrain, etc., sont des exemples d'_____.

6. Toulouse est le centre de l'industrie aérospatiale en France. Aux environs
de Toulouse il y a beaucoup d'_____ où l'on _____ des avions.

7. Il a fait un _____ pour fonder le commerce.

8. Ford et IBM sont des exemples de _____.

9. Il faut payer des _____ pour les produits qui sont importés de
l'étranger.

10. La _____ de McGraw-Hill est actuellement à New York mais la
société a beaucoup de bureaux et _____ dans d'autres villes du
monde.

11. Un _____ de compétitivité a souvent un effet négatif sur le marché.

COMPREHENSION

Exercice 1   True or false?

1. L'objectif des entreprises dans le contexte international est complètement different de celui dans le contexte national.
2. Le taux de change et le taux d'intérêt sont toujours les mêmes.
3. Le taux de change indique la relation entre deux devises de valeur différente.
4. Les deux grands centres pour l'échange des devises sont New York et Tokyo.
5. Les filiales des grosses sociétés américaines sont obligées de payer des impôts à l'Etat dès qu'elles effectuent une vente dans n'importe quel pays étranger.
6. La maison mère peut déduire des impôts fédéraux des impôts payés à l'étranger.
7. Les taux d'intérêt n'ont rien à voir avec les taux de change.

Exercice 2   Answer.

1. De quelle nationalité sont les 50 sociétés les plus importantes du monde?
2. Quel est l'objectif des entreprises dans le contexte international?
3. Pourquoi les transactions internationales sont-elles un peu plus compliquées que les transactions nationales?
4. Qu'est-ce qui influence les fluctuations des taux de change?
5. Si Ford n'exportait que des voitures fabriquées aux Etats-Unis, pourquoi le résultat serait-il un manque de compétitivité?
6. En conséquence, que fait Ford?

Exercice 3   Follow the instructions.

1. Expliquez ce qui est arrivé au touriste qui avait acheté des perles à Tokyo.
2. Expliquez pourquoi Laker s'était vu obligé de liquider.

Deuxième partie
LA COMPTABILITE

Chapitre **11**
QU'EST-CE QUE LA COMPTABILITE?

On pense généralement que la comptabilité est un domaine technique que seuls les comptables professionnels peuvent comprendre. En fait, presque tout le monde fait de la comptabilité d'une manière ou d'une autre. Quand on prépare un budget familial, quand on remplit ses déclarations d'impôt, quand on calcule le solde de son compte en banque, on se sert des principes de comptabilité.

La comptabilité est l'art ou la science de mesurer, décrire et interpréter les activités économiques. On peut dire que la comptabilité est le langage du commerce. Les investisseurs et les directeurs des entreprises doivent comprendre les principes et la terminologie de la comptabilité: «actif», «passif», «recettes» (revenus), «dépenses» (frais ou coûts), «cash flow», «bénéfices», «coefficient de capitalisation des résultats».

Le but de la comptabilité

Le but principal de la comptabilité est de fournir les renseignements financiers nécessaires dont les individus ou les entreprises commerciales ont besoin pour prendre des décisions économiques. Les directeurs se servent de ces renseignements pour la planification et le contrôle des activités de l'entreprise. Ils ont besoin de savoir la rentabilité de chaque service ou département et l'état du cash flow.

Le système comptable sert à créer et à préparer des renseignements financiers pour les fournir à divers groupes. Il y a trois groupes qui utilisent ces renseignements: les gestionnaires, les experts en financement et le public en général. Au premier groupe appartiennent les membres du conseil d'administration, le président-directeur général et les vice-présidents. Le deuxième groupe inclut les investisseurs et les créanciers actuels ou éventuels, les actionnaires, les banques, les compagnies d'assurances et toute autre source de financement. Le public est n'importe qui susceptible de s'intéresser à la situation financière d'une entreprise, c'est-à-dire le gouvernement fédéral ou régional, les syndicats ouvriers, les employés et les clients, etc.

Le rôle des comptables

La direction d'une entreprise et les experts-comptables préparent les données financières d'une société. Ce sont les comptables qui établissent les états financiers, mais ce sont les directeurs qui ont à répondre de l'état de l'entreprise.

Les experts-comptables publics sont des professionnels indépendants qui louent leurs services à l'entreprise pour vérifier les renseignements financiers rendus publics. Ils opèrent une vérification de comptes. Cette vérification de comptes est en fait un examen détaillé des états financiers de la société.

Il y a en général une différence entre un comptable et un teneur de livres, bien que ce dernier s'appelle souvent aussi «comptable». Le teneur de livres inscrit les transactions. Il enregistre les données dans des livres. C'est seulement une étape de la comptabilité, et probablement la moins compliquée. Le comptable est responsable des registres, du format du système comptable, des vérifications de compte, des prévisions (pronostics), du contrôle des contributions d'impôts et de l'interprétation des données comptables.

Les comptables louent leurs services à toutes les institutions commerciales, aux commerces de propriété individuelle, aux sociétés collectives et aux sociétés anonymes.

Les comptables sont guidés dans la préparation des états financiers par des principes de comptabilité généralement acceptés par la profession et qui dictent les normes que l'on suit dans l'évaluation, l'enregistrement et la dissémination des renseignements financiers.

Les états comptables

Les comptables préparent des rapports financiers de plusieurs sortes. Ces rapports s'appellent des états financiers. Les deux rapports les plus courants sont l'état de résultat et le bilan. L'état de résultat indique la rentabilité de l'entreprise. Il compare les revenus, c'est-à-dire l'argent que l'entreprise perçoit, avec les coûts (frais, dépenses), c'est-à-dire l'argent qui sort. Quand les recettes sont supérieures aux dépenses, l'entreprise a un revenu net et elle est rentable. Quand les dépenses sont supérieures aux recettes, l'entreprise a une perte nette, donc elle n'est pas rentable.

PÉLICAN, S.A.
ETAT DE RÉSULTAT, EXERCICE 0000

Recettes...	850 000 F
Charges	650 000 F
Bénéfice net.................................	200 000 F

Le bilan présente le montant des recettes ou actifs et les dettes ou passifs de l'entreprise à un moment donné. La différence entre l'actif et le passif représente l'investissement des propriétaires de l'entreprise ou le capital.

PÉLICAN, S.A.
BILAN, EXERCICE 0000

Actif	2 5000 000 F	Passif	1 000 000 F
		Capital.......................	1 500 000 F
Total de l'actif	2 500 000 F	Total du passif...........	2 500 000 F

Comme on voit sur le bilan, l'équilibre fondamental comptable est:

actif = passif + capital

ETUDE DE MOTS

Exercice 1   Study the following French cognates that appear in this chapter.

le domaine	la source	fédéral
la manière	le financement	régional
le budget	la situation	responsable
l'art	le gouvernement	net
la science	l'employé	supérieur
l'activité	le client	inférieur
le langage	le professionnel	
le directeur	la transaction	calculer
le principe	le registre	mesurer
la terminologie	l'enregistrement	décrire
le cash flow	le format	interpréter
l'individu	la dissémination	financer
la décision	le capital	créer
la planification	l'équilibre	utiliser
le département		intéresser
le groupe	technique	établir
le public	professionnel	enregistrer
le vice-président	économique	guider
la banque	financier	vérifier

Exercice 2   Give the word or expression being defined.
1. les mots qu'on emploie
2. le chef, l'administrateur
3. la personne
4. le contraire de «supérieur»
5. de la région
6. d'où provient quelque chose, le lieu d'origine
7. le service
8. le flux monétaire
9. celui qui travaille pour une entreprise
10. celui qui fait du commerce avec l'entreprise
11. faire une opération arithmétique
12. la balance, la concordance des recettes (revenus) avec les dépenses
13. s'assurer ou déterminer si quelque chose est exact
14. une opération commerciale

Exercice 3   Match the verb in Column A with its noun form in Column B.

A	B
1. diriger	a. le financement, la finance
2. planifier	b. la vérification
3. financer	c. la direction, le directeur
4. enregistrer	d. l'opération

5. équilibrer
6. opérer
7. vérifier
8. décrire
9. mesurer
10. calculer
11. établir
12. gouverner

e. la planification
f. l'établissement
g. l'enregistrement, le registre
h. le gouvernement
i. l'équilibre
j. le calcul
k. la mesure
l. la description

Exercice 4   Match the English word or expression in Column A with its French equivalent in Column B.

A

1. accounting
2. accountant
3. budget
4. balance sheet
5. tax return
6. taxes
7. income, revenue
8. expense
9. assets
10. liabilities
11. profit
12. cash flow
13. profitability
14. balance
15. price-per-share earnings

B

a. la déclaration d'impôts
b. les impôts
c. la rentabilité
d. la comptabilité
e. le comptable
f. l'actif
g. le passif
h. le flux monétaire
i. le budget
j. le bilan
k. le coefficient de capitalisation des résultats
l. le(s) revenus(s), les recettes
m. la dépense
n. le solde
o. le(s) bénéfice(s), le profit

Exercice 5   Select the appropriate word(s) to complete each statement.
1. La _____ est l'art ou la science qui mesure, décrit et interprète l'activité économique.
    a. rentabilité   b. dissémination   c. comptabilité
2. Quand on paie quelque chose, c'est _____.
    a. une recette   b. un actif   c. une dépense
3. Ce que l'individu ou l'entreprise perçoit est _____.
    a. une recette   b. un bilan   c. une dépense
4. Les recettes sont _____.
    a. un passif   b. des revenus   c. les bénéfices nets
5. Ce qui reste des recettes après avoir payé les dépenses sont des

    _____.
    a. soldes   b. passifs   c. bénéfices
6. _____ indique la condition financière d'une entreprise à une date déterminée (après un exercice fixe).
    a. Le bilan   b. Le solde   c. La rentabilité

7. Ce qui reste dans un compte est _____.
   a. le bilan   b. le solde   c. la rentabilité
8. Les recettes ou les revenus sont des _____.
   a. actifs   b. passifs   c. bénéfices
9. Les dépenses sont des _____.
   a. actifs   b. passifs   c. bénéfices
10. Il faut que les individus et les entreprises paient des _____ au gouvernement.
    a. revenus   b. déclarations   c. impôts
11. Aux Etats-Unis l'individu doit préparer _____ avant le 15 avril.
    a. son bilan   b. son solde   c. sa déclaration d'impôts
12. _____ indique les recettes et les dépenses.
    a. L'impôt   b. Le bilan   c. Le solde

Exercice 6   Match the English word or expression in Column A with its French equivalent in Column B.

A	B
1. accounting principles	a. l'expert-comptable (public)
2. certified public accountant	b. le conseil d'administration
3. financial statement	c. le président-directeur général
4. profit and loss sheet	d. la compagnie d'assurances
5. balance sheet	e. les principes de comptabilité
6. forecast	f. la société anonyme
7. present	g. l'état financier
8. debt	h. l'état de résultat
9. loss	i. le bilan
10. stockholder	j. la société collective
11. sum, total, amount	k. la dette
12. bookkeeper	l. la perte
13. board of directors	m. la prévision, le pronostic
14. chief executive officer	n. le commerce de propriété individuelle
15. corporation	o. actuel
16. partnership	p. le syndicat ouvrier
17. privately owned business	q. la vérification des comptes
18. trade union	r. l'actionnaire
19. insurance company	s. le teneur de livres
20. audit	t. le montant

Exercice 7   Match the word or expression in Column A with its definition in Column B.

A	B
1. la société collective	a. une entreprise avec deux ou plus de deux associés
2. actuel	
3. le syndicat	b. le total, la somme
4. la société anonyme	c. ce qu'on espère réaliser dans l'avenir

5. le teneur de livres

6. le montant

7. la prévision

8. l'état financier

d. celui qui maintient le registre

e. groupe formé pour défendre des intérêts mutuels

f. d'aujourd'hui

g. ce qui indique la condition économique de l'entreprise

h. une grosse entreprise dont les propriétaires sont les actionnaires

Exercice 8   Complete each statement with the appropriate word(s).

1. Prudential Life est une _____.

2. Une entreprise commerciale qui fournit des biens prépare toujours des _____ ou _____ de ventes.

3. L'état de _____ indique la rentabilité de l'entreprise.

4. Le bilan et l'état de résultat sont des exemples des _____.

5. Les comptables préparent les _____.

6. Une _____ est faite par un _____ indépendant.

7. L'_____ est l'investisseur qui achète des actions dans une entreprise (société anonyme).

8. Un _____ n'a qu'un seul propriétaire.

9. Le chef d'une grosse entreprise s'appelle le _____.

10. Les membres du _____ d'une société anonyme sont élus par les actionnaires au cours de leur réunion annuelle.

11. Une _____ est l'argent que l'on doit à quelqu'un d'autre.

Exercice 9   Match the English word or expression in Column A with its French equivalent in Column B.

A	B
1. to fill out	a. le créancier
2. bank account	b. l'actionnaire
3. business	c. remplir
4. investor	d. fournir
5. investment	e. le compte en banque
6. charge	f. le but
7. cost	g. le commerce
8. expenses	h. le gestionnaire
9. goal	i. la gestion
10. information	j. louer ses services
11. data	k. inscrire
12. to furnish	l. l'investisseur
13. manager	m. l'investissement
14. management	n. vérifier
15. creditor	o. le rapport

16. stockholder
17. to hire out one's services
18. to check, verify
19. to enter
20. report

p. les frais
q. le coût
r. la dépense
s. les données
t. les renseignements

Exercice 10   Complete each statement with the appropriate word(s).

1. Avant de payer les impôts, il faut _____ une déclaration assez compliquée.
2. L'_____ est l'_____ qui achète des actions dans une société anonyme.
3. Le teneur de livres ou le comptable ont la responsabilité d'_____ les transactions dans les registres ou livres.
4. Avec les _____ et les _____ qui apparaissent sur les états financiers, on prépare des _____ qui expliquent et interprètent l'état financier et la rentabilité (ou non-rentabilité) de l'entreprise.
5. Les _____ et les _____ sont des dépenses. Les _____ sont, par exemple, les relevés d'électricité, de gaz, etc., et les _____ sont les montants qu'il faut payer pour acheter les matériaux dont on a besoin pour produire ou fournir des biens (marchandises).
6. Il faut toujours _____ si les comptes sont exacts.
7. Certains _____, comme par exemple les comptes d'épargne, paient des dividendes.
8. Le contraire de «débiteur» est «_____». Un actionnaire, par exemple, est un _____.
9. Un expert-comptable public indépendant _____ pour préparer une vérification de comptes pour l'entreprise.
10. Quoi que soit l'_____, il existe toujours un degré de risque.

Exercice 11   Give the word or expression being defined.

1. celui qui investit de l'argent
2. celui qui a (le porteur, le teneur, le titulaire) des actions
3. ce que coûte quelque chose
4. les dépenses occasionnées par une opération
5. le montant de la somme à payer; l'utilisation des ressources (fonds) monétaires à des fins autres que des placements (investissements)
6. l'achat et la vente de marchandises
7. l'objectif
8. la direction, l'administration
9. le directeur, l'administrateur
10. déterminer l'exactitude de quelque chose
11. mettre quelque chose à la disposition de quelqu'un
12. compléter un document ou formulaire

COMPREHENSION _____

Exercice 1   True or false?
1. La plupart des gens croient qu'on peut comprendre facilement la comptabilité.
2. Seuls les comptables emploient les renseignements ou les données comptables.
3. Le directeur général ou le président d'une entreprise a la responsabilité de préparer les états financiers.
4. Les données et les renseignements sur les états financiers sont la responsabilité des comptables.
5. Il y a des principes de comptabilité généralement acceptés par la profession.

Exercice 2   Answer.
1. La plupart des gens font de la comptabilité sans le savoir. Donnez des exemples.
2. Quel est le but principal de la comptabilité?
3. Pourquoi les gestionnaires ont-ils besoin des renseignements que les comptables leur fournissent?
4. Qu'est-ce qu'un expert-comptable public?
5. Quelles sont quelques responsabilités d'un comptable?
6. Quand une entreprise est-elle rentable?
7. Qu'est-ce que le bénéfice net?

Exercice 3   Define the following terms.
1. la comptabilité
2. le comptable
3. le teneur de livres
4. l'état de résultat
5. le bilan

Exercice 4   Follow the directions.
Mme Dumas est comptable. Préparez une liste, même si elle est incomplète, de ses responsabilités.

Chapitre 12
LES COMPTES

La base de tout système de comptabilité est le compte. On prépare un compte individuel pour chaque élément qui apparaîtra dans l'état financier, c'est-à-dire sur le bilan ou le compte de résultat. Il existe un compte pour chaque actif et passif, pour les dépenses (frais, charges) et les recettes. Le compte indique comment le solde augmente ou diminue d'après les transactions commerciales. Quand on reçoit de l'argent, le compte indique un crédit qui se traduit par une augmentation du solde. Au contraire, quand on paie une facture, il y a une diminution du solde.

Il y a trois parties dans un compte: l'intitulé et le número de compte, le débit à gauche, le crédit à droite.

PÉLICAN, S.A.
CAPITAL, 21
Débit (Dt)   **Crédit (Ct)**

Toute somme inscrite dans la partie gauche d'un compte est un débit. On dit que le compte a été débité. Toute somme inscrite dans la partie droite est un crédit. On dit que le compte a été crédité. Chaque inscription de débit ou de crédit sur un compte représente une augmentation ou une diminution d'argent. Le solde du compte indique l'argent disponible.

Le grand-livre

Le grand-livre est l'ensemble des comptes ouverts pour le bilan et le compte de résultat. C'est vraiment un livre de référence pour le système comptable. On l'utilise pour classer et récapituler les transactions financières. On l'utilise également pour préparer les documents financiers. Le grand-livre peut être un registre relié[1] avec une page pour chaque compte ou un disque pour ordinateur.

L'actif L'actif se divise en actif réalisable et en actif fixe (immobilisé). L'actif réalisable comprend les effets de commerce, les effets à recevoir, les actions et les charges. L'actif immobilisé comprend les biens immobiliers, l'équipement tel que les machines, les meubles et les moyens de transport.

Le passif Il y a aussi le passif exigible et le passif fixe, c'est-à-dire à long terme. Le passif exigible comprend les billets à ordre (la promesse que l'entreprise

---

[1] *bound*

fait à ses créanciers de les payer dans une période de temps de moins d'un an), les effets à payer, les charges de personnel et les frais anticipés. Le passif fixe à long terme est presque toujours l'hypothèque.

Les comptes de capital et de retrait Le grand-livre indique aussi les comptes de capital et de retrait. Le compte de capital enregistre les investissements des propriétaires dans l'entreprise plus le revenu net. Le revenu net de l'exercice augmente le compte de capital. S'il y a une perte, le compte de capital diminue de la même somme.

Quand le propriétaire de l'entreprise retire de l'argent liquide ou d'autres capitaux, ces retraits sont inscrits sur le compte de retrait et n'apparaissent pas sur le compte de capital comme diminution directe du solde.

La comptabilité en partie double

Tous les comptes utilisent le système de comptabilité en partie double. Ce système est la base de tous les systèmes de comptabilité. L'inscription d'une transaction commerciale se fait en double partie, débit et crédit. Le montant de la colonne Débit est égal à celui de la colonne Crédit.

La première inscription comptable se fait dans le journal. Le journal, comme son nom l'indique, est un livre où l'on enregistre chronologiquement toutes les transactions commerciales en indiquant la date, les changements de débit et crédit et une petite description de la transaction à des intervalles réguliers. Ensuite on transfère les soldes de débit et de crédit dans le grand-livre. Plus tard, les comptes du grand-livre servent à la préparation du bilan.

L'écriture dans le journal est très utile pour analyser et décrire l'influence des diverses transactions sur l'entreprise. C'est pourquoi il est très important de décrire avec soin et précision les transactions commerciales et leur effet sur la situation financière de la société.

ETUDE DE MOTS

Exercice 1   Study the following cognates that appear in this chapter.

la base	le disque	individuel
le système	l'équipement	commercial
l'élément	la machine	chronologiquement
la charge	le moyen de transport	régulier
la transaction	le personnel	
le crédit	le capital	augmenter
le débit	la date	diminuer
l'augmentation	l'intervalle	débiter
la diminution	le changement	créditer
le numéro	la description	représenter
l'intitulé	l'influence	récapituler
la somme	la précision	diviser
l'ensemble	l'effet	transférer
la référence	la situation	analyser
le document	le stock	

Exercice 2   Complete each expression with the appropriate word(s).

1. accounting system   le _____ comptable
2. individual account   le compte _____
3. account title   l'_____ de (du) compte
4. account number   le _____ de (du) compte
5. business transaction   la _____ commerciale
6. computer disk   le _____ d'ordinateur
7. drawing account   le _____ de retrait
8. capital account   le compte de _____
9. credit-debit   crédit-_____
10. financial situation   la _____ financière
11. regular intervals   les _____ réguliers
12. to debit an account   _____ un compte
13. to credit an account   _____ un compte
14. personnel expenses   les frais de _____

Exercice 3   Match the verb in Column A with its noun form in Column B.

A	B
1. augmenter	a. le crédit
2. diminuer	b. la charge
3. créditer	c. l'augmentation
4. débiter	d. le transfert
5. transférer	e. l'analyse
6. charger	f. la diminution
7. analyser	g. le débit

Exercice 4   Give the word or expression being defined.

1. l'ensemble des employés d'une entreprise
2. toutes les ressources d'un individu ou d'une entreprise
3. l'exactitude
4. les frais, la dépense
5. les machines, les outils, etc.
6. la hausse
7. la baisse
8. une opération commerciale
9. l'espace de temps
10. ce qu'on introduit dans l'ordinateur

Exercice 5   Match the English word or expression in Column A with its French equivalent in Column B.

A	B
1. account	a. la partie droite/gauche
2. entry	b. retirer
3. left-hand/right-hand side	c. le crédit
4. double-entry bookkeeping	d. le compte

  5. debit   e. la comptabilité en double partie
  6. credit   f. le débit
  7. general ledger   g. l'écriture, l'inscription, l'enregistrement
  8. balance   h. la perte
  9. journal   i. le grand-livre
 10. balance sheet   j. le solde, la balance
 11. financial statement   k. le bilan
 12. profit and loss statement   l. le retrait
 13. withdrawal   m. l'exercice
 14. fiscal period   n. le journal
 15. loss   o. l'état de résultat
 16. to withdraw   p. l'état financier

Exercice 6 Give the word or expression being defined.
  1. le livre qui réunit tous les comptes de l'entreprise
  2. le contraire de «verser» (de l'argent dans un compte)
  3. l'action de retirer de l'argent d'un compte; le contraire de «versement»
  4. le contraire de «gain» ou de «bénéfice»
  5. le livre dans lequel on inscrit (enregistre) et décrit toutes les transactions
     chronologiquement tous les jours
  6. tableau qui représente l'actif et le passif d'un commerce ou d'une entreprise
     commerciale à une date déterminée
  7. une dette, par exemple
  8. une recette, par exemple
  9. n'importe quel document qui indique une situation financière
 10. l'état financier qui indique la rentabilité d'une entreprise, c'est-à-dire le
     résultat des gains et des pertes

Exercice 7 Match the English word or expression in Column A with its
French equivalent in Column B.

A	B
1. current assets	a. les biens immobiliers
2. fixed assets	b. l'action
3. cash	c. l'actif réalisable, l'actif circulant
4. accounts receivable	d. l'actif immobilisé (fixe), les
5. accounts payable	immobilisations, l'actif immobilier
6. anticipated expenses	e. le passif
7. real estate	f. l'argent liquide
8. short-term	g. le billet à ordre
9. long-term	h. les effets à recevoir
10. liabilities	i. les effets à payer, le passif exigible
11. promissory note	j. la facture
12. bill, invoice	k. les frais anticipés

13. stock
14. mortgage

l. l'hypothèque
m. à long terme
n. à court terme

Exercice 8 Tell if each of the following is **un actif** or **un passif.**
1. l'argent liquide
2. les salaires à payer
3. l'équipement
4. les effets à recevoir
5. les effets à payer, le passif exigible
6. les biens immobiliers
7. les frais anticipés

Exercice 9 Tell if each of the following is **un actif réalisable** or **un actif immobilisé.**
1. l'argent liquide
2. l'équipement
3. l'usine
4. les effets à recevoir
5. les comptes en banque
6. le stock
7. les biens immobiliers

Exercice 10 Complete each statement with the appropriate word(s).
1. Un billet à _____ est un _____ pour celui qui l'émet et un _____ pour celui qui le tient.
2. Le passif fixe comprend les dettes à _____.
3. Il est facile de liquider l'_____ mais difficile de liquider l'_____.
4. Si l'on ne veut pas avoir de dettes, il faut payer les _____ tout de suite.
5. Il veut demander une _____ car il veut acheter une maison.
6. L'hypothèque est une dette à _____.

COMPREHENSION

Exercice 1 Answer.
1. Quelle est la base de tout système de comptabilité?
2. Qu'est-ce qu'on prépare pour chaque élément qui figure sur les états financiers?
3. Qu'est-ce qu'il y a pour chaque actif, passif, frais ou recette?
4. Qu'indiquent les comptes?
5. Quelles sont les trois parties d'un compte?

6. Que représente chaque inscription dans le grand-livre?
7. Quel est le système de comptabilité utilisé par tous les comptables?
8. Où se fait la première inscription comptable?
9. Qu'est-ce que le journal?
10. Du journal, où transfère-t-on les soldes de débit et crédit?
12. A quoi servent les comptes du grand-livre?

Exercice 2   Explain each of the following terms and give examples.
1. l'actif réalisable
2. l'actif immobilisé
3. le passif exigible
4. le passif à long terme

Exercice 3   Identify the following terms.
1. le grand-livre
2. le compte de capital
3. le compte de retrait
4. le journal

Chapitre **13**
LA BALANCE DE VERIFICATION

La balance de vérification

La balance de vérification est la preuve que le grand-livre est équilibré. L'équilibre des soldes de débit et crédit assure que des débits et des crédits égaux ont été enregistrés pour toutes les transactions, que le solde de débit et crédit pour chaque compte a été calculé correctement et que le total des soldes de tous les comptes de la balance de vérification est correct.

Supposons que des montants égaux de dollars ont été enregistrés pour débit et crédit pour chaque transaction, le total de crédit et de débit doit être le même dans le grand-livre. Si les calculs des soldes des comptes sont corrects, on espère que le total des soldes des comptes de débit sera le même que le total des soldes des comptes de crédit.

Avant d'utiliser les soldes de comptes pour préparer le bilan, il est utile de vérifier que la somme totale des soldes des comptes de débit est réellement égale à la somme totale des soldes de comptes de crédit. La confirmation de l'équilibre des soldes de débit et crédit s'appelle «la balance de vérification». C'est une liste de deux colonnes qui indique les noms (les intitulés) et les soldes des comptes dans le même ordre qu'ils apparaissent dans le grand-livre. Les soldes de débit sont inscrits dans la colonne de gauche et les soldes de crédit dans celle de droite. Les montants des deux colonnes doivent s'équilibrer.

La balance de vérification n'établit que l'exactitude d'un aspect du grand-livre, l'équilibre des débits et crédits. Le journal et la balance de vérification sont deux étapes de ce qu'on appelle «le cycle comptable».

Le cycle comptable

Le cycle comptable est une série de procédés que les comptables utilisent pour enregistrer, classifier et résumer les données comptables. Le cycle commence par l'écriture initiale des transactions et finit par la préparation des états financiers qui rapportent comment les transactions agissent sur[1] les actifs, les passifs et la valeur totale (le capital propre) des propriétaires d'une entreprise. On l'appelle «cycle» parce que c'est une opération qui se répète régulièrement pour fournir des états financiers périodiquement. Le cycle comprend les procédés suivants.

---

[1]*affect*

Ecriture des transactions dans le journal Chaque transaction est enregistrée dans le journal quand elle est effectuée. Ainsi, on crée une écriture chronologique des opérations.

Transfert du journal sur le grand-livre Les changements des soldes de débit et crédit sont transférés du journal au grand-livre. A ce stade on peut déterminer l'influence des transactions sur l'actif, le passif et la valeur totale de l'entreprise.

Préparation d'une balance de vérification La balance de vérification vérifie l'équilibre des écritures de débit et de crédit. On l'emploie pour vérifier l'exactitude des transferts sur le grand-livre et les calculs des soldes des comptes du grand-livre.

Préparation des états financiers Les états financiers donnent un résumé de l'impact de toutes les transactions ef`ectuées avant la préparation de l'état. La publication des états financiers complète le cycle comptable.

ETUDE DE MOTS

Exercice 1   Study the following cognates that appear in this chapter.

le débit	le procédé	périodique
le crédit	le propriétaire	chronologique
la transaction	le transfert	
le total	les calculs	enregistrer
la somme	le résumé	calculer
la confirmation	l'impact	vérifier
la colonne	la publication	indiquer
la liste		établir
l'ordre	égal	classifier
l'exactitude	correct	résumer
l'aspect	initial	répéter
le cycle	total	compléter
la série		

Exercice 2   Complete each expression with the appropriate word(s).

1. initial entry   l'écriture _____
2. total value   la valeur _____
3. accounting cycle   le _____ comptable
4. series of procedures   une _____ de procédés
5. periodic review   un résumé _____
6. total amount   la somme _____
7. equal amount   le montant _____
8. transfer of accounts   le _____ des comptes

Exercice 3   Match the word in Column A with its definition in Column B.

A	B
1. enregistrer	a. l'effet d'une action
2. calculer	b. terminer
3. la somme	c. au commencement
4. périodiquement	d. faire des opérations arithmétiques
5. initial	e. prouver l'exactitude
6. compléter	f. le montant
7. l'impact	g. de temps en temps
8. vérifier	h. inscrire, transcrire

Exercice 4   Match the English word or expression in Column A with its French equivalent in Column B.

A	B
1. to agree, balance	a. la balance de vérification
2. balanced	b. le montant
3. trial balance	c. s'équilibrer
4. proof	d. équilibré
5. balance	e. le capital propre
6. sum, amount	f. la preuve
7. balance sheet	g. le solde, la balance
8. stage, step	h. les données
9. data	i. l'étape
10. stockholders' equity	j. le bilan

Exercice 5   Give the word or expression being defined.
1. le total d'un compte
2. la valeur nette de l'entreprise
3. le stade
4. la balance
5. une preuve pour vérifier la balance du grand-livre
6. l'état financier équilibré
7. être équivalent
8. les renseignements

Exercice 6   Complete each statement with the appropriate word(s).
1. Les _____ de débit et de crédit du grand-livre doivent s'équilibrer.
2. La preuve de l'équilibre des soldes de débit et crédit s'appelle _____.
3. Le cycle comptable comprend plusieurs _____.
4. Les _____ du grand-livre servent à préparer le bilan et d'autres états financiers.
5. Les montants des deux colonnes doivent être les mêmes, c'est-à-dire qu'ils doivent s'_____.

COMPREHENSION

Exercice 1   Answer.
1. A quoi sert la balance de vérification?
2. A quoi le montant de tous les crédits doit-il être égal?
3. Dans quel ordre les comptes apparaissent-ils dans la balance de vérification?
4. Citez deux étapes du cycle comptable.
5. Par quoi le cycle comptable commence-t-il?
6. Par quoi le cycle comptable finit-il?

Exercice 2   In your own words, explain the following.
1. la balance de vérification
2. le cycle comptable
3. le journal

Exercice 3   True or false?
1. Les soldes de débit sont inscrits dans la colonne de droite de la balance de vérification et dans la colonne de droite du grand-livre et du bilan.
2. On appelle le cycle comptable «cycle» parce que c'est une opération qui se répète à intervalles réguliers.
3. Chaque transaction est enregistrée dans le journal pendant le trimestre ou la transaction est effectuée.
4. Les changements des soldes de débit et crédit sont transférés du grand-livre sur le journal.

Exercice 4   Follow the directions.
Préparez une liste des étapes principales du cycle comptable.

Chapitre 14
LA BALANCE CARREE

Les grandes sociétés (compagnies) préparent très souvent des états financiers. Il faut préparer une balance de vérification. Il faut transférer les données du journal au grand-livre. Il y a beaucoup de détails et, par conséquent, beaucoup de possibilités d'erreur. Pour éviter[1] les erreurs en transférant les données d'un document à un autre, les comptables se servent d'une balance carrée.

Alors que les écritures dans le journal et le grand-livre sont permanentes, celles de la balance carrée ne le sont pas. Les comptables préparent la balance carrée au crayon[2] pour pouvoir effacer[3] et corriger leurs erreurs avec plus de facilité. La balance carrée est un outil important pour les comptables et son format est tel qu'il réduit au minimum la possibilité d'erreur parce que les transferts incorrects sautent alors aux yeux[4]. La balance carrée est une étape préliminaire dans la préparation des états financiers.

La balance carrée contient le nom de la société, le titre «balance carrée» et la période de temps couverte. Le document-même est une feuille de papier avec des colonnes: une grande à gauche pour marquer le nom des comptes et d'autres données d'identification et cinq paires de colonnes «débit/crédit».

La balance de vérification sans rectifications Dans la première paire de colonnes, on inscrit la balance de vérification sans rectifications. Cette balance est prise dans le grand-livre. Après avoir écrit tous les soldes des comptes dans la balance carrée, on fait le total de chaque colonne.

Les ajustements Dans la deuxième paire de colonnes, on fait les ajustements. A côté de chaque ajustement de débit et de crédit, on met une lettre. Cette lettre permet de trouver plus facilement l'ajustement dans la colonne de débit qui correspond à l'ajustement dans la colonne de crédit. Elle aide aussi à trouver l'explication de l'ajustement qui se trouve au bas de la page. Après avoir inscrit tous les ajustements de débit et de crédit, on fait le total de chaque paire de colonnes. En vérifiant l'équilibre des sommes totales de débit et de crédit, on peut identifier toute erreur possible de calcul et ainsi éviter de les transférer dans d'autres colonnes de la balance de vérification.

Dans la troisième paire de colonnes, on écrit les soldes des comptes qui ont des ajustements. Si un compte présente un solde de débit et un ajustement de crédit ou le contraire, on déduit le montant inférieur du montant supérieur et on inscrit la différence dans la colonne appropriée de débit ou de crédit intitulée «ajustements de soldes».

---

[1]*avoid* [2]*pencil* [3]*erase* [4]*are obvious*

MULTIMAR S.A.
BALANCE CARREE
EXERCICE: 31 OCTOBRE, 199x

	Balance de vérification sans ajustements		Ajustements		Ajustements de solde		Compte de résultat		Bilan	
	Débit	Crédit	Débit	Crédit	Débit	Crédit	Débit	Crédit	Débit	Crédit
Capital (Espèces)	19 600				19 600				19 600	
Effets à recevoir	30 800				30 800				30 800	
Loyer anticipé	27 000			(a) 9 000	18 000				18 000	
Fournitures de bureau	4 200			(b) 1 400	2 800				2 800	
Equipement de bureau	70 000				70 000				70 000	
Effets à payer		21 000				21 000				21 000
Commissions non gagnées		12 000	(d) 3 000			9 000				9 000
Multimar capital		94 500				94 500				94 500
Multimar retraits	8 200				8 200				8 200	
Commissions gagnées		80 100		(d) 3 000		83 100		83 100		
Charges de personnel	46 200		(e) 1 200		47 400		47 400			
Charges: électricité, gaz	1 600				1 600		1 600			
TOTAL	207 600	207 600								
Loyer			(a) 9 000		9 000		9 000			
Frais fournitures de bureau			(b) 1 400		1 400		1 400			
Frais d'amortissement			(c) 3 600		3 600		3 600			
Amortissement accumulé				(c) 3 600		3 600				3 600
Salaires à payer				(e) 1 200		1 200				1 200
TOTAL			18 200	18 200	212 400	212 400	63 000	83 100	149 400	129 300
Revenu net							20 100			20 100
TOTAL							83 100	83 100	149 400	149 400

Chaque montant de la colonne intitulée «ajustements de soldes» est transféré dans les colonnes intitulées «compte de résultat» ou «bilan». Les actifs, les passifs et le compte de capital vont dans les colonnes du bilan et les comptes de recettes et dépenses vont dans le compte de résultat.

On ajoute les colonnes du compte de résultat et du bilan. On inscrit le revenu net ou la perte nette dans chacune des colonnes des deux paires. Une fois de plus, on ajoute les colonnes.

Le revenu net ou la perte nette pour la période est obtenu en calculant la différence entre les montants des deux colonnes du compte de résultat.

ETUDE DE MOTS

Exercice 1   Study the following cognates that appear in this chapter.

le détail	l'ajustement	préliminaire
la possibilité	le total	total
l'erreur	la lettre	inférieur
le document	l'explication	supérieur
le format	la somme	
la préparation	le calcul	marquer
le nom	la différence	correspondre
la période		vérifier
la colonne	permanent	identifier
la paire	important	déduire
la rectification	incorrect	

Exercice 2   Give the word or expression being defined.
1. déterminer l'exactitude
2. le montant, le total
3. les deux
4. la faute
5. de toujours
6. l'action de rendre une chose correcte ou exacte
7. l'action d'ajuster quelque chose
8. inscrire
9. la portion d'une page divisée verticalement
10. soustraire un montant d'une somme
11. plus petit en quantité
12. plus grand en quantité
13. ce qui reste après avoir déduit la somme inférieure de la somme supérieure

Exercice 3   Complete each expression with the appropriate word(s).
1. name of the company   le _____ de la société
2. total sum   la somme _____
3. period of time   la _____ de temps

4. preliminary step   l'étape _____
5. possibility of error   la _____ d'erreur

Exercice 4   Match the English word or expression in Column A with its French equivalent in Column B.

A	B
1. work sheet	a. le revenu net
2. tool	b. la perte nette
3. preliminary step	c. la balance carrée
4. at the bottom of the page	d. la balance, le solde
5. sheet of paper	e. l'étape préliminaire
6. balance	f. le capital propre
7. expense	g. la dépense
8. net income	h. la feuille de papier
9. net loss	i. l'outil
10. owners' equity	j. au bas de la page

Exercice 5   Select the appropriate word(s) to complete each statement.
1. Pour éviter de faire des erreurs, le comptable prépare _____.
   a. une balance carrée   b. une balance de vérification
   c. un grand-livre
2. On prépare la balance carrée comme _____ dans la préparation des états financiers.
   a. étape finale   b. correspondance   c. étape préliminaire
3. Les revenus sont les _____.
   a. frais   b. coûts   c. recettes
4. Un investissement pour une _____ de beaucoup de temps est un investissement à long terme.
   a. période   b. perte   c. feuille
5. La balance carrée a cinq _____ de colonnes.
   a. outils   b. paires   c. bas
6. Si le solde d'une colonne ne correspond pas au solde de l'autre colonne, on _____ la quantité inférieure de la quantité supérieure.
   a. équilibre   b. déduit   c. divise
7. La balance carrée est _____ important pour les comptables.
   a. une page   b. une feuille   c. un outil
8. La balance carrée peut être un disque d'ordinateur ou _____.
   a. le bas de la page   b. une feuille de papier
   c. une balance de vérification
9. _____ est le revenu après avoir déduit les dépenses. Le contraire est le revenu brut.
   a. La perte nette   b. Le revenu net   c. La balance
10. Si le bilan indique _____, la société n'est pas rentable.
    a. un revenu net   b. un solde   c. une perte nette

COMPREHENSION

Exercice 1 Answer.

1. A quel moment de l'année les grosses entreprises préparent-elles des états financiers?
2. Pourquoi y a-t-il beaucoup de possibilités d'erreur?
3. Que préparent les comptables pour éviter de faire des erreurs en transférant les données?
4. Comment sont les écritures dans les journaux et dans le grand-livre?
5. Comment les comptables préparent-ils la balance carrée?
6. Pourquoi le format de la balance carrée est-il pratique?
7. Que contient la balance carrée?
8. Qu'est-ce qu'on met de chaque côté d'un ajustement?
9. Où apparaît l'explication de l'ajustement?
10. Qu'est-ce qu'on écrit dans la troisième paire de colonnes?
11. Qu'est-ce qu'il faut faire si un compte présente un ajustement de crédit ou de débit?
12. Comment faut-il obtenir le revenu net ou la perte nette pour la période?

Exercice 2 Supply the following information.

1. ce que contient une balance carrée
2. le nombre de paires de colonnes pour le débit et le crédit
3. les renseignements qui apparaissent dans la première paire de colonnes
4. ce qui apparaît dans la troisième paire de colonnes
5. les données qu'on enregistre dans la troisième paire de colonnes
6. ce qu'on met sur le bilan
7. ce qu'on émet sur le compte de résultat

Chapitre 15
LES ETATS FINANCIERS

Le compte de résultat

Le but de la balance carrée est de faciliter la préparation des états financiers. Le compte de résultat se prépare à l'aide de renseignements qui figurent dans la colonne intitulée «compte de résultat».

SOCIÉTÉ THOMAS
COMPTE DE RÉSULTAT
EXERCICE 199x

Recettes		1 050 000 F
Charges		
Fournitures (consommées)	50 000 F	
Autres charges externes	40 000 F	
Loyer	10 000 F	
Charges de personnel.........................	480 000 F	
Dotation aux amortissements..............	180 000 F	
Total des charges..		762 000 F
Bénéfice		288 000 F

Le bilan

On prépare le bilan de la même manière. Il ne faut néanmoins pas oublier que le compte capital de la balance carrée n'est que le capital initial. Le solde doit être ajusté pour arriver au capital final. C'est pourquoi on prépare aussi un document montrant les variations de capital.

SOCIÉTÉ THOMAS
TABLEAU DE VARIATION DU CAPITAL
31 DÉCEMBRE 199x

	Capital au 1er janvier		1 369 000 F
A ajouter:	Bénéfice 199x	288 000 F	
A déduire:	Compte courant (retraits)	300 000 F	
	Capital au 31 décembre		1 369 000 F
	Compte courant débiteur.......	12 000 F	

Etats provisoires

Un autre avantage de la balance carrée est la facilité avec laquelle on peut préparer des états financiers provisoires à partir de celle-ci. Les entreprises

Société Thomas
Bilan avant affectation
31 décembre 199x

ACTIF			PASSIF	
Equipement valeur brute..........	1 800 000 F		Capital.................	1 369 000 F
A déduire: amortissements........	480 000 F		Bénéfice...............	288 000 F
Valeur net......	1 320 000 F			1 657 000 F
Stock de fournitures	55 000 F		Emprunt à court terme	400 000 F
Clients.........	301 000 F		Fournisseurs	238 000 F
Compte courant	300 000 F		Etat, impôts à payer......	40 000 F
Loyer payé d'avance............	30 000 F		Personnel, salaires à payer	20 000 F
Banque	351 000 F		Banque, intérêts à payer....	2 000 F
	2 357 000 F			2 357 000 F

déterminent un exercice financier qui correspond au cycle de leurs activités. L'exercice de la Société Thomas va du 1er janvier au 31 décembre. Les entreprises préparent des états financiers mensuels ou trimestriels (tous les trois mois). Ces états financiers s'appellent «les états provisoires».

Une autre étape du cycle comptable pour pratiquement toutes les entreprises sont les écritures de clôture. Le procédé de clôture sert à reporter toutes les recettes et charges au compte de résultat. Cela permet de terminer une période comptable (exercice) et d'en commencer une autre. Un solde de zéro à la fin d'une période comptable veut dire que la suivante commence aussi à zéro.

Les soldes de clôture pour chaque compte de recettes (produits) et de charges (frais) sont reportés sur le compte de résultat. C'est ainsi que ce compte indique les soldes de la fin de l'exercice (le résultat de l'exercice).

Pour vérifier l'exactitude des redressements d'écriture et la clôture, on emploie le solde de vérification post-clôture. Ce solde ne tient compte que des comptes de l'actif, du passif et de capital parce que tous les comptes de recettes (produits), de charges (frais) et les retraits sont clos et les soldes ont été reportés sur le compte de résultat. Le solde de vérification post-clôture se prépare à partir du grand-livre, une fois que toutes les régularisations et les clôtures y ont été reportées.

Les chiffres soulignés deux fois indiquent que les comptes ont été clos et que l'on peut commencer les écritures pour l'année suivante.

ETUDE DE MOTS

Exercice 1 Study the following cognates that appear in this chapter.

l'aide	final	figurer
l'avantage	initial	déterminer
le cycle		correspondre
l'activité		commencer
l'exactitude		terminer
		ajuster

Exercice 2 Give the word or expression being defined.
1. du commencement
2. finir
3. rendre juste ou précis
4. suite de phénomènes dans un ordre déterminé
5. être conforme
6. de la fin
7. se trouver (être, apparaître) dans un ensemble
8. l'assistance

Exercice 3 Match the English word or expression in Column A with its French equivalent in Column B.

A	B
1. capital account	a. l'état provisoire
2. income account	b. le procédé de clôture

3. post-closing trial balance
4. closing balance
5. closing, close
6. interim statement
7. fiscal period
8. monthly
9. quarterly
10. adjustment, correction
11. closed account
12. underlined
13. closing procedure

c. l'exercice
d. le compte de capital
e. le compte de résultat
f. le redressement
g. la clôture
h. le solde de vérification post-clôture
i. le solde de clôture
j. souligné
k. mensuel
l. trimestriel
m. le compte clos

Exercice 4   Give the word or expression being defined.
1. chaque mois
2. tous les trois mois
3. mettre une ligne en dessous
4. le compte qui indique les capitaux de l'entreprise
5. le compte qui indique le bénéfice
6. un ajustement, une rectification
7. l'action de terminer ou fermer quelque chose, un compte par exemple
8. le contraire de «compte ouvert»
9. le solde d'un compte quand on le ferme
10. un état qu'on prépare en attendant l'état final ou définitif

Exercice 5   The terminology used on a balance sheet can change from company to company. The terminology used and the entries recorded are also different in French corporations than in U.S. corporations. The following are some frequently used entries on a balance sheet. Study the English and French equivalents.

Balance Sheet
(Fiscal year 11/1/9x - 10/31/ 9y)

Assets
  Current assets
    Cash
    Accounts receivable
    Prepaid rent
    Office supplies
  Total current assets
  Plant and equipment
    Office equipment
    Less accumulated depreciation
  Total plant and equipment

  Total assets

Liabilities and owners' equity
  Current liabilities
    Accounts payable
    Salaries payable
    Tax on profits

  Total current liabilities
  Owner's equity
    Capital 11/1/9x
    Net revenue
    Less withdrawals
  Capital 10/31/9y
  Total liabilities and owners' equity

Bilan
(Exercice 1/11/199x - 31/10/199y)

Actif	Passif et capital propre
Actif réalisable (circulant)	Passif exigible
Espèces (Liquide)	Valeurs (effets) exigibles
Effets à recevoir	(charges à payer)
Loyer payé à l'avance	Salaires à payer
Fournitures	Impôts sur bénéfices
Total actif réalisable	Total passif exigible
Installation et équipement	Capital propre
Equipement de bureau	Capital (Capitaux) 11/1/199x
Moins: Dotation aux amortissements	Revenu net (Bénéfice)
Total: Installation et équipement	Moins: Retraits
	Capital 10/31/199y
Total: Actif	Total: Passif et capital propre

COMPREHENSION

Exercice 1   Answer.

1. Qu'indiquent les soldes du compte de capital sur la balance carrée?
2. Comment s'appellent les états financiers que l'entreprise prépare mensuellement ou trimestriellement?
3. Comment une entreprise détermine-t-elle un exercice?
4. On a étudié quelques étapes du cycle comptable. Donnez une autre étape de ce cycle.
5. A quoi sert le cycle de clôture?
6. Quels comptes ont un solde de vérification post-clôture?
7. Pourquoi la clôture est-elle importante?
8. Pourquoi certains soldes sont-ils soulignés deux fois?

Exercice 2   Explain each of the following terms.

1. la clôture
2. le solde de clôture
3. un compte clos

Chapitre 16
LE CALCUL DES VENTES

Dans l'économie des Etats-Unis, la proportion des commerces qui fournissent des services devient de plus en plus grande—les compagnies aériennes, les hôtels, les établissements de soins médicaux, etc. Les revenus pour ces entreprises proviennent de leurs clients qui paient les services. Le revenu net d'un commerce qui fournit des services est égal à l'excédent de revenu sur les frais d'administration (opérationnels).

Les entreprises commerciales

En dépit de la croissance du secteur de services, le secteur qui se consacre à la vente des marchandises continue à être important. Les entreprises commerciales, les grossistes et les détaillants tirent leurs revenus de la vente de biens et marchandises. Un des coûts les plus importants pour l'entreprise est le coût pour acheter les marchandises qu'elle revendra plus tard à ses clients. Ce coût s'appelle «le coût d'achat des marchandises vendues». Les frais de vente comprennent tous les frais que l'entreprise encourt pour promouvoir et vendre les marchandises. Le coût d'achat des marchandises vendues et les frais de vente sont séparés des frais d'administration sur le compte de résultat. Par conséquent, le compte de résultat d'une entreprise commerciale contient trois catégories: les recettes, les frais de vente et les frais d'administration. Le compte de résultat d'une entreprise commerciale diffère de celui d'une entreprise de services. Il contient deux détails supplémentaires: les frais de vente et la marge sur achat.

LE BUREAU MODERNE
COMPTE DE RÉSULTAT

Ventes...	1 000 000
Moins coût d'achat des marchandises vendues............	550 000
Marge brute sur achat..	450 000
Moins frais d'administration	400 000
Revenu net	50 000

Les recettes de vente sont le prix de vente des marchandises vendues durant la période. Le coût des biens vendus est ce que l'entreprise a payé pour acheter ces biens. La différence entre les recettes de vente et le coût d'achat des marchandises vendues s'appelle «la marge sur achat» ou «la marge brute».

Pour qu'une entreprise ait un succès commercial, il faut que la marge sur achat soit supérieure aux frais d'administration. C'est-à-dire, le revenu net d'une entreprise commerciale est la différence entre les recettes et le coût d'achat des marchandises vendues et les frais d'administration de l'entreprise. Les recettes de vente des marchandises sont inscrites sur un compte de revenu qui a le nom de «ventes». Les ventes nettes sont les ventes moins les escomptes, les reprises de marchandises et les primes sur les ventes.

LE BUREAU MODERNE
COMPTE DE RÉSULTAT PARTIEL, 31 DÉCEMBRE

Ventes de marchandises...		1 012 000
Moins reprises et commissions	8 000	
Moins escomptes...	4 000	12 000
Ventes nettes		1 000 000

Le total de 1 012 000 s'appelle «ventes brutes» et représente le total des ventes en liquide ou par crédit pendant l'exercice.

L'inventaire

Les entreprises commerciales vendent et achètent tout le temps des marchandises. Le coût d'achat des marchandises vendues pendant l'année apparaît sur le compte de résultat comme une déduction des recettes nettes de vente. Le coût des marchandises non vendues à la fin de l'année figure au bilan comme un actif appelé «stock». On détermine la valeur des stocks en multipliant le prix de vente par le nombre d'unités qui restent.

Le coût des biens vendus est déterminé par la méthode d'inventaire périodique ou par la méthode d'inventaire permanent. Dans le premier cas on fait le compte manuel des marchandises. Ce procédé coûte cher et il n'est pas pratique. Pour cela, il ne s'effectue normalement qu'à la fin de l'année. Pour déterminer le coût de marchandises vendues par cette méthode, les états comptables indiquent le coût d'inventaire au commencement et à la fin de l'année et le coût d'achat des marchandises vendues pendant toute l'année.

D'après le système d'inventaire permanent, il y a un record quotidien des stocks. Un compte dans le grand-livre indique le coût des marchandises vendues pendant une période donnée. Quand on achète une marchandise, on inscrit un débit sur le compte de stocks. Quand on vend une marchandise, on fait deux écritures. La première enregistre le revenu de ventes (un débit pour les effets à recevoir et un crédit pour les ventes). La deuxième écriture réduit le solde du compte de stock et enregistre le coût des marchandises vendues (un débit pour le compte de coût d'achat des marchandises vendues et un crédit pour le stock). La méthode d'inventaire permanent est beaucoup plus commune dans les entreprises qui vendent des marchandises d'une grande valeur telles que les automobiles ou les meubles où le nombre de ventes est petit et l'enregistrement des ventes est facile.

ETUDE DE MOTS

Exercice 1   Study the following cognates that appear in this chapter.

la proportion	l'unité	pratique
le service	la méthode	commun
le revenu	l'inventaire	
le secteur	le record	payer
la marchandise		figurer
le client	égal	multiplier
le total	périodique	réduire
la déduction	permanent	
le stock	manuel	

Exercice 2   Match the word or expression in Column A with its equivalent in Column B.

A	B
1. le stock	a. la partie, le domaine
2. réduire	b. l'inventaire
3. commun	c. donner de l'argent pour quelque chose
4. le client	d. baisser, diminuer
5. le total	e. de temps en temps
6. payer	f. celui qui paie pour des services ou
7. le secteur	biens
8. périodique	g. la somme
9. égal	h. ordinaire, courant
10. l'unité	i. la pièce
	j. équilibré

Exercice 3   Match the word in Column A with its opposite in Column B.

A	B
1. commun	a. multiplier
2. réduire	b. l'augmentation
3. permanent	c. les biens
4. diviser	d. temporaire
5. la déduction	e. continu
6. le client	f. augmenter
7. le revenu	g. le commerçant
8. les services	h. rare
9. périodique	i. la dépense
10. manuel	j. automatique

Exercice 4   Match the English word or expression in Column A with its French equivalent in Column B.

A	B
1. dealer, business (sales oriented)	a. les frais de vente
2. merchandise	b. ventes, les recettes de vente

3. goods and services   c. l'escompte
4. wholesaler   d. le commerce, commercial
5. retailer   e. en liquide
6. cost of sales   f. la marchandise
7. sales, sales revenue   g. les biens et services
8. cost of goods sold   h. les reprises
9. operating expenses   i. l'excédent
10. gross margin   j. le grossiste
11. returns   k. le détaillant
12. daily   l. promouvoir
13. commission, bonus   m. l'exercice
14. discount   n. le coût d'achat des marchandises
15. to furnish, supply   vendues
16. excess, surplus   o. la marge brute (sur achat)
17. to incur   p. par crédit
18. to promote   q. les frais d'exploitation
19. cash   r. la prime
20. on credit   s. quotidien
21. fiscal period   t. encourir
      u. fournir

Exercice 5 Complete each statement with the appropriate word(s).
1. Le but d'une entreprise _____ est de vendre des marchandises.
2. Le _____ vend de grandes quantités.
3. Le _____ vend de petites quantités, par unités.
4. Le _____ vend en gros et le _____ vend au détail.
5. Le _____ est les frais que l'entreprise encourt pour acheter les marchandises qu'elle revendra.
6. Le loyer, l'argent qu'on paie pour la location du magasin par exemple, est un type de frais _____.
7. La différence entre les recettes de vente et le coût d'achat des marchandises vendues est _____.
8. Les _____ sont les marchandises que pour une raison ou une autre les clients rendent au commerçant.
9. Les marchandises qui restent après une période de temps sont le _____.
10. Une période budgétaire est un _____.
11. Il n'a pas payé avec sa carte de crédit. Il a payé _____.
12. On ne peut rien vendre sans _____ des frais en même temps.
13. Il faut _____ un nouveau produit si l'on veut le lancer avec succès.
14. La différence entre les _____ et les frais de vente et les frais d'exploitation est le revenu net.
15. Cette boutique a un compte _____ (chaque jour) du stock ou de l'inventaire.

16. Certaines entreprises paient une _____ à leurs vendeurs.
17. Il est nécessaire de faire un _____ aux clients qui achètent en grandes quantités.
18. Certaines entreprises fournissent des _____ et d'autres fournissent des _____.

COMPREHENSION _____

Exercice 1 Identify the following.
 1. une entreprise commerciale
 2. une entreprise qui fournit des services
 3. le grossiste
 4. le détaillant
 5. les frais de vente
 6. les inscriptions «ventes»
 7. la marge brute
 8. les ventes nettes
 9. l'inventaire
10. le coût d'achat des marchandises vendues

Chapitre 17
LE SYSTEME DE CONTROLE COMPTABLE

Le système de contrôle interne

Le système de contrôle interne d'une entreprise comprend toutes les mesures que prend cette entreprise pour protéger ses ressources contre une possibilité de gaspillage[1] ou de fraude, pour assurer la fiabilité et l'exactitude des données et des opérations comptables, pour assurer que ces opérations sont conformes à la politique de l'administration et pour évaluer le fonctionnement, le rendement et l'efficacité de tous les services.

Les contrôles administratifs et comptables

Les contrôles internes sont administratifs et comptables. Les contrôles comptables sont les moyens qui ont directement à voir avec la protection des actifs et l'exactitude de l'information comptable. Deux exemples: l'utilisation de caisses enregistreuses pour enregistrer d'une façon immédiate les encaissements d'argent et la vérification physique de l'inventaire, y compris le cas où on utilise l'inventaire permanent.

Les contrôles administratifs sont les moyens par lesquels on améliore l'efficacité de l'entreprise. Ceux-ci n'ont rien à voir avec l'exactitude des enregistrements comptables. Les examens médicaux que doivent passer les pilotes de ligne en sont un bon exemple.

Le système comptable

Le but du système comptable d'une entreprise est de fournir des renseignements financiers utiles. Le but du contrôle interne est de faire en sorte que les opérations de l'entreprise soient en accord avec les plans et la politique de l'entreprise. Les deux systèmes sont étroitement liés et interdépendants.

Le système comptable consiste en un journal, un grand-livre, des procédures et des contrôles internes pour pouvoir produire des états financiers et d'autres renseignements comptables. Le système comptable peut être très simple et les registres peuvent être tenus à la main, ou le système peut être informatisé. Le système doit être adapté à la taille[2] et aux besoins de l'entreprise. Deux recours valables sont les sous-journaux et les grands-livres auxiliaires.

---

[1]*waste* [2]*size*

Les sous-journaux

Les sous-journaux n'incluent qu'un type de transactions. C'est pourquoi les entreprises ont besoin d'un journal général qui regroupe tous les sous-journaux.

Les sous-journaux les plus courants sont le journal des achats, le journal des ventes, celui des recettes en espèces (recettes de caisse) et celui des paiements en espèces. Le journal des ventes débite le compte d'un client donné pour chaque vente effectuée. Il n'y a pas d'explication. Seul le numéro de la facture est inscrit dans le sous-journal à côté de chaque vente.

JOURNAL DE VENTES

	Date	Compte débité	No de facture	Montant
19__	2 nov.	Paul Ravel	301	450
	5 nov.	Caroline Gerbier	302	1 000
	11 nov.	Bertrand Silberfeld	303	2 500

Dans le journal de ventes on n'enregistre que les ventes à crédit. Un astérisque (*) est utilisé pour indiquer que cette même transaction apparaît dans le grand-livre auxiliaire comme un effet à recevoir. Les ventes effectuées comptant sont inscrites dans le journal de recettes de caisses (recettes en espèces).

Le journal de recettes de caisse (recettes en espèces) est utilisé pour inscrire toutes les transactions pour lesquelles on reçoit de l'argent liquide comme, par exemple, la vente des marchandises comptant. La caisse enregistreuse enregistre chaque vente dès qu'elle est effectuée et à la fin de la journée on transfère le montant (total) de la caisse enregistreuse au journal de recettes de caisse (recettes en espèces).

Le journal d'achats indique tous les achats à crédit. Si les achats sont effectués comptant, les transactions sont inscrites dans le journal de paiements en espèces. Le journal de paiements en espèces est utilisé pour inscrire tous les paiements (dépenses) effectués en argent liquide tels que l'acquittement des dettes aux créanciers, les paiements pour les frais opérationnels et les achats de marchandises. Ces paiements se font toujours par chèque numéroté.

Le journal général

Toute transaction qui ne correspond à aucune catégorie de sous-journal est inscrite dans le journal général. Ceci inclut la déclaration de dividendes, l'achat d'équipement à crédit, la reprise ou le retour de marchandises.

ETUDE DE MOTS

Exercice 1 Study the following cognates that appear in this chapter.

le système	le type	simple
le contrôle	la transaction	général
l'intérieur	l'explication	
les ressources	le numéro	protéger
l'exactitude		évaluer
l'information	conforme	assurer
l'inventaire	interne	regrouper
la procédure	administratif	débiter
le registre	permanent	

Exercice 2 Complete each expression with the appropriate word(s).
1. internal control   le _____ interne
2. internal control system   le _____ de contrôle
                             _____
3. perpetual inventory   l'inventaire _____
4. simple procedure   la _____ simple
5. to debit an account   _____ un compte

Exercice 3 Give the word or expression being defined.
1. juger
2. non spécifique, pas détaillé
3. le contraire de «créditer»
4. le genre, la sorte
5. les renseignements
6. les fonds
7. de toujours, pas provisoire
8. donner de la protection

Exercice 4 Match the English word or expression in Column A with its French equivalent in Column B.

A	B
1. management policy	a. la caisse enregistreuse
2. return (e.g., on investment)	b. le journal de recettes de caisse, de recettes en espèces
3. return (e.g., of merchandise)	c. le journal de paiements en espèces
4. cash register	d. la facture
5. goal, purpose	e. la politique de la direction
6. to furnish	f. les données
7. journal	g. le rendement
8. special journal	h. le but
9. general journal	

10. general ledger
11. cash receipts journal
12. cash disbursements journal
13. on credit
14. cash
15. bill, invoice
16. to keep by hand
17. computerized
18. data
19. reliability
20. means

i. la reprise, le retour
j. à crédit
k. comptant, en espèces, en liquide
l. fournir
m. tenir à la main
n. informatisé
o. le journal
p. le sous-journal
q. le journal général
r. le grand-livre
s. le moyen
t. la fiabilité

Exercice 5 Select the appropriate word(s) to complete each statement.
1. L'entreprise a des _____ pour assurer l'exactitude des données comptables ou financières.
   a. ressources   b. moyens   c. politiques
2. Il faut assurer l'exactitude et _____ des renseignements financiers.
   a. la caisse   b. l'enregistrement   c. la fiabilité
3. _____ indique au client le montant qu'il faut payer pour les marchandises qu'il a achetées.
   a. Le subsidiaire   b. La politique   c. La facture
4. Il n'a pas payé comptant. Il a payé _____.
   a. en espèces   b. par chèque   c. à crédit
5. Le magasin n'a pas de politique de _____. Les clients ne peuvent pas échanger les marchandises.
   a. rendement   b. reprise   c. administration
6. Surtout dans des magasins on met l'argent dans _____ dès que la transaction de vente est effectuée.
   a. un sous-journal   b. un crédit   c. une caisse enregistreuse

Exercice 6 Tell which account is being described.
1. On enregistre un débit dans le compte du client pour chaque achat que le client fait à crédit.
2. On inscrit chaque vente comptant.
3. On indique tous les achats de marchandises à crédit.
4. On indique tous les achats effectués en espèces.
5. On enregistre tous les paiements en espèces, faits presque toujours par chèque numéroté.
6. On enregistre la reprise de marchandise.

COMPREHENSION

Exercice 1 Answer.
1. Que comprend le système de contrôle intérieur d'une entreprise?
2. Quel est le but du système de contrôle intérieur?
3. Quels sont les contrôles comptables?
4. En quoi consiste le système comptable?
5. Que contiennent les sous-journaux?

Exercice 2 Describe the following terms.
1. le journal de ventes
2. le journal d'achats
3. le journal de recettes en espèces
4. le journal de paiements en espèces
5. le journal général

Chapitre 18
LE CONTROLE DE L'ARGENT LIQUIDE

L'argent liquide a de la valeur et il est facile à transporter. D'autre part, il est difficile de déterminer ceux à qui il appartient[1]; il est donc nécessaire de mettre en place un système de contrôle interne très strict pour empêcher toute fraude ou erreur pouvant découler de transactions effectuées en argent liquide. Pour les comptables, l'argent liquide est un actif circulant en dépôt dans une banque qui peut être retiré immédiatement et qu'on peut utiliser pour toute transaction commerciale, ou un actif circulant qu'une banque accepterait automatiquement comme versement. Pour les comptables, l'argent liquide, c'est l'argent de papier, l'argent dans les comptes courants, c'est-à-dire les chèques, les chèques de voyage, les mandats postaux et l'argent dans certains comptes d'épargne. Ne comptent pas comme argent liquide les timbres-poste, les billets à ordre et les titres ou bons du gouvernement.

En général les transactions s'effectuent par chèque ou en espèces. Il faut établir un système de contrôle pour l'argent liquide reçu des ventes au comptant ou par correspondance.

La caisse enregistreuse

Dans les magasins, la caisse enregistreuse est un contrôle physique qui garde en sécurité l'argent en attendant de le mettre dans le coffre-fort. La caisse enregistreuse indique le montant de l'achat de façon que le client le voie bien. Le client peut ainsi repérer[2] les erreurs qui pourraient être faites. La caisse enregistreuse enregistre chaque transaction par un système comptable informatisé ou sur une bande magnétique ou de papier situé dans la caisse elle-même. Plus tard, un employé de la section comptable compare l'argent dans la caisse et le montant enregistré. Cette comparaison permet de déterminer si les deux ne concordent[3] pas ou s'il y a fraude. Le caissier vérifie les calculs de l'employé comptable et lui donne un reçu par écrit. Ensuite, le caissier s'assure que l'argent liquide est bien versé à la banque le plus vite possible.

Liquide reçu par correspondance

Pour l'argent liquide reçu par correspondance, on opère de la façon suivante. Deux employés ouvrent ensemble toutes les lettres pour diminuer la possibilité

---

[1]*belongs* [2]*spot* [3]*agree*

qu'un employé malhonnête ne vole l'argent sans qu'on puisse s'en apercevoir. Les deux employés préparent un document en triple exemplaire qui indique le nom du client qui a envoyé l'argent, la raison pour laquelle il a envoyé cet argent et le montant reçu. Une copie est envoyée au caissier avec l'argent, une autre est envoyée au service de la comptabilité qui enregistre la transaction et la troisième est classée. Le caissier verse l'argent à la banque. Le service de la comptabilité enregistre un avoir sur le compte du client et tous les autres registres comptables appropriés. Ensuite, une autre personne compare le montant versé par le caissier et le total des écritures d'avoirs sur les différents comptes. Quand les montants ne correspondent pas, il y a fraude ou erreur.

Le contrôle des décaissements

Le contrôle des décaissements est peut-être encore plus important que celui des encaissements. Il arrive que des sommes énormes sont payées à des entreprises fictives ou pour des biens ou des services qui n'ont jamais été reçus. Le contrôle interne des décaissements a pour but d'éviter ce genre de fraude. Les différents stades de ce contrôle incluent le rapprochement avec le relevé de banque, la caisse et la méthode des bordereaux de caisse, et les réductions.

Le plus important est que tous les paiements soient effectués à l'aide de chèques numérotés. Ces chèques sont présentés à la banque qui effectue les paiements. Tous les mois, la banque envoie un relevé de compte à ses clients. Ce relevé de compte indique tous les chèques qui ont été encaissés, les versements et les frais de banque. Fréquemment, le solde final du relevé de banque ne correspond pas à celui du compte de banque de l'entreprise. Il faut alors que l'entreprise détermine les raisons de cette différence. C'est alors que celle-ci effectue le rapprochement avec le relevé de banque. Ce rapprochement est un pas important dans le système de contrôle interne. Il permet de trouver les erreurs ou de découvrir s'il y a fraude.

La petite caisse

Bien qu'il y ait des avantages à payer par chèque, il est souvent plus pratique de payer en espèces, par exemple lorsqu'il s'agit d'acheter des timbres-poste ou de payer un voyage en taxi. On alimente alors la caisse par un chèque correspondant à un montant déterminé qui permettra de couvrir toutes ces petites dépenses. Cette caisse est confiée à une personne responsable, un secrétaire ou un teneur de livres, par exemple. Les sorties de caisse ne peuvent être faites qu'avec une autorisation écrite. Cette autorisation s'appelle un «bordereau de caisse». Quand il faut alimenter la caisse, l'employé remet les bordereaux au directeur responsable de l'alimenter.

On offre des réductions aux acheteurs qui paient en espèces. On sait déjà que l'argent a une valeur temporelle. Si on offre une réduction de 2% pour les paiements effectués en moins de 10 jours et que l'acheteur paie dans cette limite, c'est de l'argent prêté au vendeur à 2% pendant les 20 jours restant (si la limite est de 30 jours). Le système de contrôle interne doit fournir les renseignements comptables avec rapidité pour assurer que les factures sont bien payées dans les périodes où les réductions s'appliquent.

Dans les grandes entreprises, certains employés s'occupent des commandes de biens et de services, d'autres reçoivent et inspectent, d'autres décident quand et combien payer et d'autres encore écrivent et envoient les chèques. Mais il faut un système de contrôle interne qui assure que les transactions d'encaissement et de décaissement sont séparées. Néanmoins, il faut qu'il y ait une communication par écrit pour coordonner les activités des différents employés et contrôler leurs activités. Pour cela, on se sert de la méthode des bordereaux de caisse. Aussi les grandes entreprises ont un service des achats qui est responsable de tous les achats pour tous les services. Les avantages sont le contrôle interne et la possibilité de combiner les achats et d'obtenir ainsi des réductions.

ETUDE DE MOTS

Exercice 1   Study the following cognates that appear in this chapter.

le système	le calcul	interne
le contrôle	le document	strict
la fraude	le client	en dépôt
l'erreur	la copie	par correspondance
la transaction	la somme	en triple
la banque	le paiement	énorme
le chèque	l'autorisation	
le chèque de voyage	la période	transporter
la sécurité	l'avantage	indiquer
la comparaison		coordonner

Exercice 2   Complete each expression with the appropriate word(s).
1. on deposit   en _____
2. traveler's check   le _____ de voyage
3. name of the client   le nom du _____
4. in triplicate   en _____
5. internal control system   le système de _____ interne

Exercice 3   Give the word or expression being defined.
1. une durée de temps
2. l'action de payer
3. la faute
4. une action commerciale
5. un établissement financier
6. le montant
7. la reproduction exacte
8. la permission

Exercice 4   Match the English word or expression in Column A with its French equivalent in Column B.

A	B
1. cash	a. la bande magnétique
2. paper money	b. la caisse enregistreuse
3. coin	c. circulant
4. postage stamp	d. la vente au comptant
5. money order	e. l'argent liquide, en espèces
6. promissory note	f. le titre, le bon, l'obligation
7. bond	g. l'argent de papier
8. to steal	h. la pièce de monnaie
9. cash register	i. le montant
10. total	j. informatisé
11. magnetic tape	k. le timbre-poste
12. cashier	l. le mandat postal
13. safe	m. le billet à ordre
14. in circulation	n. retirer, le retrait
15. to withdraw, withdrawal	o. verser, le versement
16. to deposit, deposit	p. voler
17. cash sale	q. le caissier
18. computerized	r. le coffre-fort

Exercice 5   Tell what is being described.
1. les billets (coupures) de 1, 5, 10, 20, 50 et 100 dollars
2. pièce de métal qui sert aux échanges
3. prendre quelque chose qui ne vous appartient pas
4. le total
5. le bon
6. ce qu'il y a dans la caisse enregistreuse pour enregistrer chaque transaction (vente)
7. un titre remis par le service de postes pour transférer des fonds
8. un meuble où l'on garde de l'argent et d'autres choses de valeur
9. ce qu'il faut mettre sur une enveloppe avant d'envoyer une lettre
10. une machine utilisée dans beaucoup de magasins pour enregistrer toutes les transactions
11. un document par lequel on s'engage à payer une somme à une date donnée à une personne déterminée
12. en circulation
13. mettre, placer de l'argent dans la banque
14. reprendre de l'argent de la banque
15. une vente payée en liquide (en espèces)
16. tenu par ordinateur

Exercice 6 Match the English word or expression in Column A with its French equivalent in Column B.

A	B
1. to file	a. le relevé de compte (de banque)
2. cash voucher	b. les frais de banque
3. written receipt	c. mettre en place
4. order	d. le reçu par écrit
5. purchase	e. le service d'achats
6. invoice, bill	f. classer
7. check	g. la réduction
8. checkbook	h. le bordereau de caisse
9. checking account	i. la petite caisse
10. balance	j. vérifier
11. account statement	k. la commande
12. service charges	l. l'achat
13. petty cash	m. la facture
14. replenish	n. le rapprochement
15. cash entry	o. l'avoir
16. cash disbursement	p. le chèque
17. discount	q. le chéquier
18. to check	r. le compte courant
19. reconciliation	s. le solde
20. credit	t. alimenter
21. purchasing department	u. l'encaissement
22. to put in place	v. le décaissement

Exercice 7 Complete each statement with the appropriate word(s).

1. On peut écrire des chèques en fonction de l'argent qu'on a versé dans un _____.

2. Le client de la banque a ses chèques dans un _____.

3. La banque envoie à ses clients un _____ mensuellement.

4. On espère que le _____ que le client a dans son chéquier correspond à celui du relevé de la banque.

5. Un _____ est un document écrit qui confirme que l'on a reçu un paiement (de l'argent).

6. La _____ que le client (l'acheteur) envoie à l'entreprise indique la quantité de la marchandise qu'il veut.

7. Après avoir reçu une commande, l'entreprise envoie les marchandises avec une _____ qui indique le montant à payer.

8. Quand il ne reste plus d'argent dans la caisse, il faut l'_____.

9. On offre une _____ à ses clients qui achètent en grandes quantités.

10. Une copie du document est envoyée au client, une autre est envoyée au service de comptabilité et la troisième est _____.

11. Il faut _____ un système de contrôle interne pour assurer qu'il n'y a pas fraude.

12. En recevant le relevé de banque, on doit faire un _____ avec le solde de son chéquier.

13. Les _____ sont les paiements effectués en espèces.

COMPREHENSION

Exercice 1 Answer.

1. Pour les comptables, qu'est-ce que l'argent liquide?
2. Quelles sont les fonctions de la caisse enregistreuse?
3. Quelle comparaison fait un employé du service de comptabilité?
4. Combien d'employés ouvrent les commandes par correspondance? Pourquoi?
5. Que préparent-ils?
6. Que fait-on avec les copies?
7. Pourquoi le système de contrôle des décaissements est-il très important?
8. Qu'est-ce qu'on reçoit de la banque tous les mois?
9. Qu'indique le relevé?
10. Qu'est-ce qu'il faut faire si le solde final du relevé de banque ne correspond pas à celui de l'entreprise?
11. Pourquoi est-il pratique d'établir une petite caisse?
12. Pourquoi les entreprises offrent-elles une réduction aux clients qui paient en espèces (comptant)?
13. Quelle est la responsabilité du service d'achats?
14. Pourquoi est-il avantageux d'établir un service d'achats?

Exercice 2 Explain the following items.

1. deux caractéristiques de l'argent liquide
2. quatre exemples d'argent liquide
3. la caisse enregistreuse comme contrôle physique
4. trois détails qui apparaissent sur le document préparé quand on reçoit de l'argent par correspondance
5. l'importance de payer avec des chèques numérotés

Chapitre 19
AMORTISSEMENT DES IMMOBILISATIONS

Immobilisations et actifs circulants

Traditionnellement, les économistes ont divisé l'actif d'une entreprise en immobilisations (actif fixe, actif immobilier) et valeurs réalisables (valeurs mobilières ou actifs circulants). On considère comme actifs circulants ou valeurs réalisables seuls les actifs qui seront utilisés pour la marche de l'entreprise ou qui seront convertis en espèces pendant l'année. Les immobilisations sont l'installation, l'équipement et les biens immobiliers. Ces actifs sont utilisés pendant longtemps et ils sont corporels, c'est-à-dire qu'on peut les voir et les toucher. Le terrain, les bâtiments, les machines, les fournitures de bureau, les véhicules et les ressources naturelles sont exemples de valeurs corporelles (matérielles). Il y a aussi les valeurs incorporelles. Ce sont les capitaux investis dans les titres et des actions d'autres sociétés, les brevets, les marques de fabrique. Les valeurs corporelles ou matérielles, telles que le terrain, les bâtiments et les machines se divisent en deux groupes: celles qui s'amortissent, c'est-à-dire celle dont le potentiel d'utilisation décline au fur et à mesure[1] de leur durée de vie, et celles qui ne s'amortissent pas, telles que le terrain qui a une durée sans limite. Les actifs circulants tels que les effets à recevoir appartiennent à la catégorie «actifs corporels» bien qu'on ne puisse pas les toucher.

Le coût des immobilisations

En comptabilité, il est utile de considérer les actifs tels que les bâtiments et l'équipement comme une série de services qu'on recevra pendant une période d'années. On peut considérer un bâtiment comme un achat effectué à l'avance de plusieurs années de service de logement. Le coût d'un camion[2] s'inscrit dans le compte d'équipement et représente l'achat à l'avance de plusieurs années de service de transport. Il est essentiel de voir la correspondance entre les actifs immobiliers et les frais payés à l'avance pour comprendre le procédé comptable par lequel le coût d'une immobilisation est alloué aux périodes comptables durant lesquelles l'entreprise bénéficiera de l'utilisation de l'actif.

---

[1]*progressively during*   [2]*truck*

Le coût initial d'une immobilisation (valeur immobilière) incorpore d'autres frais au-dessus du prix d'achat. Le coût initial comprend tous les frais raisonnables et nécessaires pour acquérir, transporter et installer l'actif. Considérons cet exemple:

Prix de vente de la machine	10 000
Moins: escompte (2% x 10 000)	200
Prix net en espèces	9 800
Impôts sur ventes	588
Fret	1 250
Transport local	150
Installation (main-d'œuvre)	400
Coût de la machine	12 188

Le coût comprend tous les frais encourus pour l'acquisition de la machine. L'entreprise bénéficiera de l'emploi de cette machine pendant une période de X années. On passe l'écriture du coût total de la machine au compte «actif» et on la compense par les bénéfices réalisés. On considère tous les frais relatifs à l'achat de la machine comme des services que la machine rendra à l'avenir. Ce principe comptable s'appelle «la compensation des frais (coûts) et recettes».

Amortissement: Les valeurs corporelles

Les valeurs corporelles, excepté le terrain, ont une limite de durée d'emploi. En langage de comptabilité, l'amortissement est l'allocation du coût de l'actif corporel aux frais des périodes comptables de l'utilisation de l'actif. L'amortissement a pour but le principe de compensation des frais et recettes, c'est-à-dire d'équilibrer les recettes d'une période comptable et les coûts (frais) des biens et services utilisés pour réaliser ces recettes. Quand une immobilisation qui s'amortit est liquidée, vendue, éliminée, échangée, on supprime le coût de l'immobilisation du compte «actif» et on supprime la dotation d'amortissement du compte «passif». Quand une immobilisation est amortie au maximum, on ne peut plus déduire d'amortissement bien que la machine soit toujours en bon état et continue à fonctionner. Le but de l'amortissement est de répartir le coût de l'immobilisation sur la durée de l'utilisation. Les frais d'amortissement ne peuvent jamais dépasser[3] le coût initial de l'immobilisation (actif). Si un actif continue à être utilisé après l'amortissement total, il faut le garder dans les registres comptables sur les comptes «actif» et «dotation d'amortissements» sans passer d'écritures supplémentaires jusqu'à ce que l'actif soit éliminé. Quand on vend une immobilisation tel qu'un bâtiment ou une pièce d'équipement, on calcule le bénéfice ou la perte en comparant le coût initial moins la dotation d'amortissement au prix de vente. Si le prix de vente est supérieur au coût initial moins la dotation d'amortissement, le résultat est un gain (bénéfice); si le prix de vente est inférieur au coût initial moins la dotation d'amortissement, le résultat est une perte.

Les valeurs incorporelles

Les actifs incorporels sont ceux qu'on emploie pour le fonctionnement de l'entreprise, mais qui n'ont aucune substance matérielle. Les brevets, les marques de fabrique et même la bonne volonté sont des actifs incorporels. L'écriture d'un actif (une valeur) incorporel n'est passée au bilan que dans le cas où on a encouru des frais pour son acquisition ou son développement.

«L'amortissement» est le terme employé pour décrire le procédé par lequel on attribue le coût de l'actif incorporel à la catégorie «frais» pendant la période d'utilisation. L'écriture comptable pour l'amortissement est un débit (doit) à la dotation d'amortissement et un crédit (avoir) au compte des valeurs incorporelles. Le coût d'une valeur incorporelle doit être déduit des revenus (recettes) les années pendant lesquelles on estime que cette valeur rapportera des bénéfices à l'entreprise. La durée maximum autorisée pour l'amortissement d'un actif incorporel ne peut pas dépasser[3] 40 ans.

---

[3]*exceed*

ETUDE DE MOTS

Exercice 1   Study the following cognates that appear in this chapter.

l'économiste	l'acquisition	diviser
l'équipement	l'allocation	considérer
la ressource	la liquidation	convertir
l'amortissement	le gain	décliner
le potentiel	le résultat	acquérir
l'utilisation	le développement	transporter
la catégorie	le terme	installer
la série		liquider
le service	matériel	déduire
la période	initial	attribuer
l'avance	au maximum	
le transport	supérieur	
la correspondance	inférieur	
le procédé		

Exercice 2   Match the verb in Column A with its noun form in Column B.

A	B
1. développer	a. l'acquisition
2. résulter	b. l'allocation
3. gagner	c. le transport
4. correspondre	d. le résultat
5. liquider	e. le développement
6. déduire	f. la correspondance
7. décliner	g. la liquidation
8. allouer	h. le déclin
9. acquérir	i. le gain
10. transporter	j. la déduction
11. amortir	k. l'amortissement

Exercice 3   Complete each expression with the appropriate word(s).
1. amortized to the maximum   amorti au _____
2. accounting procedure   le _____ comptable
3. paid in advance   payé à l'_____
4. initial cost   le coût _____

Exercice 4   Give the word or expression being defined.
1. le contraire de «perte»
2. ce qui résulte
3. l'achat
4. baisser
5. le classement
6. la machine, les fournitures, etc.

Exercice 5   Match the English word or expression in Column A with its French equivalent in Column B.

A	B
1. fixed assets	a. le brevet
2. current assets	b. la marque de fabrique
3. prepaid expenses	c. les immobilisations, l'actif fixe, l'actif immobilier
4. plant	
5. real estate	d. les valeurs mobilières, l'actif circulant (réalisable)
6. patent	
7. trademark	e. le titre, le bon, l'obligation
8. initial cost	f. l'action
9. purchase price	g. les frais payés à l'avance
10. sales price	h. les fournitures de bureau
11. office supplies	i. les effets à payer, les effets exigibles
12. stock	j. l'installation
13. bond	k. les biens immobiliers
14. accounts receivable	l. le prix de vente
15. accounts payable	m. le prix d'achat
	n. le coût initial
	o. les effets à recevoir

Exercice 6   Tell what is being described.
1. les bâtiments, les bureaux, les maisons, les usines, le terrain
2. le bureau, l'usine, les machines, l'équipement, les fournitures
3. le prix qu'on paie pour quelque chose
4. le prix total qui inclut le prix d'achat, les impôts, le transport et l'installation
5. les dépenses qu'on a déjà payées
6. les actifs qu'on peut liquider (mobiliser) immédiatement
7. le certificat d'enregistrement d'une invention
8. le nom ou le signe qui sert à distinguer des produits

9. l'argent dû qu'on va recevoir
10. une unité de propriété dans une société anonyme
11. le prix auquel on vend quelque chose
12. le matériel nécessaire pour la marche ou le déroulement d'un bureau

Exercice 7   Match the English word or expression in Column A with its French equivalent in Column B.

A	B
1. stream (series) of services	a. les actifs corporels
2. accounting period	b. les actifs incorporels
3. sales tax	c. la dotation d'amortissement
4. matching costs and revenues, matching convention	d. la série de services
5. to allocate	e. l'escompte
6. to balance	f. la période comptable, l'exercice
7. life span	g. la durée de vie
8. goodwill	h. les impôts sur les ventes
9. to remove	i. l'écriture
10. accounting entry	j. la compensation de frais et recettes
11. intangible assets	k. supprimer
12. tangible assets	l. le fret
13. discount	m. allouer
14. freight	n. équilibrer
15. amortization allotment	o. la bonne volonté

Exercice 8   Select the appropriate word(s) to complete each statement.
1. Les impôts qu'il faut payer en achetant quelque chose sont _____.
   a. des impôts sur les ventes   b. la contribution à l'Etat
2. La période de temps pendant laquelle on peut utiliser une machine s'appelle la _____.
   a. période comptable   b. durée de vie
3. L'installation et l'équipement dont l'entreprise se servira pendant un nombre d'années sont considérés comme une _____.
   a. période comptable   b. série de services
4. Un actif qu'on ne peut ni voir ni toucher est un actif _____.
   a. corporel   b. incorporel
5. Le phénomène comptable qui consiste à inscrire le coût d'une machine dans la colonne «actif» et à déduire ce coût des bénéfices pendant une période d'années s'appelle _____.
   a. l'écriture   b. la compensation de frais et de recettes
6. Un brevet est un actif _____.
   a. corporel   b. incorporel
7. Le montant des deux colonnes doit _____.
   a. s'établir   b. s'équilibrer

8. Les coûts de transport sont _____.
   a. l'installation   b. le fret
9. _____ est une réduction que les clients reçoivent.
   a. La dotation   b. L'escompte

COMPREHENSION

Exercice 1   Give examples of the following assets.
1. les actifs corporels
2. les actifs incorporels

Exercice 2   Explain the following terms in your own words.
1. les actifs circulants, les valeurs réalisables
2. les immobilisations
3. une série de services
4. le coût initial
5. la compensation de frais et de recettes
6. l'amortissement

Exercice 3   Answer.
1. Quel est le but de l'amortissement? Remarquez que le mot «amortissement» en français veut dire aussi *depreciation*.
2. Qu'est-ce qui se passe quand un actif qu'on a amorti est liquidé?
3. Qu'est-ce qui se passe quand un actif qui a été amorti au maximum continue à être utilisé?
4. Qu'est-ce qui ne peut excéder les dotations d'amortissement?
5. Quelle est la différence entre le prix d'achat et le coût initial?
6. Quel est le résultat d'un prix de vente supérieur au coût initial? Et d'un prix inférieur?
7. Quelle est la période maximum de l'amortissement d'un actif incorporel?

Chapitre 20
COMPTABILITE DES SOCIETES COLLECTIVES

Caractéristiques d'une société collective

Les sociétés collectives ou les associés, comme entités économiques, se servent des services comptables qui ont des caractéristiques spéciales.

Le contrat qui établit (crée) une société collective doit inclure les noms des associés, les obligations et les droits de chaque associé, le montant que chacun des associés investira et la méthode pour évaluer les actifs investis ou retirés par les associés qui ne sont pas en espèces, le procédé pour partager les bénéfices et les pertes, et les retraits qu'on permettra à chaque associé.

Bien qu'une société n'ait pas de personnalité juridique comme c'est le cas pour une société anonyme, du point de vue comptabilité, une société collective est une entité comptable individuelle et différente.

Une société collective établit un compte de capital et un compte de retrait pour chaque associé. Lorsqu'une société collective est créée, toutes les contributions (actifs) de chaque associé aussi bien que les passifs assumés par la société sont inscrits dans un journal. Si la seule contribution d'un associé est en espèces et qu'il n'y ait pas de passif à assumer, l'évaluation est très facile. On débite simplement le compte d'espèces et on crédite les comptes de capital de chaque associé de la façon suivante.

Espèces..	25 000 F
Durant, Capital	10 000 F
Mercier, Capital	15 000 F

Si les associés contribuent d'autres actifs en plus de l'argent liquide, il y a un problème d'évaluation. Quelle valeur doit-on attribuer à chaque actif? Le coût initial? La valeur actuelle? On attribue à ces actifs la valeur marchande à la date du transfert. Tous les associés doivent être d'accord sur l'évaluation.

La comptabilité

La comptabilité des sociétés collectives est très semblable à celles des entreprises de propriété individuelle; la seule différence est qu'il y a un compte courant et un compte de capital pour chaque associé. Ces comptes indiquent les investissements, les retraits et la part du bénéfice de la société à laquelle a droit chaque associé.

Un compte de retrait est établi pour chaque associé. Les transactions qui figurent sur les comptes de retrait sont les suivantes: le retrait d'argent liquide ou d'autres actifs par l'associé, les retraits de fonds de la société pour payer les dettes personnelles d'un associé, les recettes dues à la société mais payées, reçues et retenues personnellement par un des associés.

La distribution des bénéfices

Les associés peuvent distribuer les bénéfices de la société comme ils le veulent. En général on tient compte des services que chaque associé fournit, le talent et le capital qu'il a contribué et quelquefois la durée de son association avec la société. Il y a trois méthodes courantes pour déterminer la distribution des bénéfices. Ce sont: un ratio déterminé, la relation d'investissement de capital, des allocations de salaires et intérêts, le restant étant divisé d'après un ratio.

Si le contrat de la société collective ne stipule pas la manière de partager les bénéfices, les bénéfices (ou les pertes) sont divisés également entre les associés. Pour partager les bénéfices d'une autre façon il faut établir un contrat qui est accepté par tous les associés.

Prenons un exemple. Deux associés ont un petit commerce. Un associé travaille à plein temps et l'autre à mi-temps, disons quatre jours par semaine. Donc, le ratio pourrait être de 55% pour le premier et 45% pour l'autre. Le montant des bénéfices de la société pour un an est 88 000 F. Donc, selon le ratio établi chaque associé reçoit le suivant:

Associé 1 (à plein temps)   88 000 x 0,55 = 48 400 F
Associé 2 (à mi-temps)   88 000 x 0,45 = 39 600 F

Dans beaucoup de sociétés collectives les associés se donnent des salaires proportionnels à la contribution de chacun. S'il reste des bénéfices, on les divise soit également soit selon un ratio déterminé.

Dans certaines sociétés les associés consacrent très peu de temps au commerce. Le revenu provient surtout des investissements de capital. Dans ce cas les bénéfices sont distribués selon la part du capital du commerce investi par chaque associé.

Il y a des sociétés où les différents associés contribuent de différentes manières. Certains fournissent le capital nécessaire pour former la société, d'autres apportent leur talent administratif et d'autres leur domaine d'expertise spécialisée. Dans ces cas on paie à quelques-uns des intérêts sur le capital investi et aux autres des salaires pour le temps qu'ils consacrent au commerce. Les bénéfices qui restent après la distribution des intérêts et des salaires sont divisés entre les associés selon le ratio déterminé.

Les états financiers des sociétés collectives sont les états de résultat, le bilan et les états de comptes de capital des associés. Voici un exemple d'un état de compte de capital.

LEBLANC ET GIRAUD

	Leblanc	Giraud	Total
Capital, 1 janvier	40 000 F	70 000 F	110 000 F
Investissements supplémentaires	60 000 F		60 000 F
Revenu net	35 000 F	65 000 F	100 000 F
	135 000 F	135 000 F	270 000 F
Moins: retraits	22 000 F	45 000 F	67 000 F
Capital, 31 déc.	113 000 F	90 000 F	203 000 F

La dissolution ou la fin d'une société collective a lieu chaque fois qu'un nouvel associé se joint à la société ou qu'un associé la quitte, ce qui ne veut pas dire que le commerce est liquidé. La dissolution entraîne normalement une réorganisation pour incorporer de nouveaux associés ou pour réduire le nombre des associés. Cette réorganisation interrompt rarement la marche des activités commerciales. La liquidation d'une société collective marque la fin de l'entreprise. Si une société est liquidée, on vend les actifs, on paie les passifs (s'acquitte des dettes) et on divise l'argent liquide qui reste entre les associés.

ETUDE DE MOTS

Exercice 1   Study the following cognates that appear in this chapter.

l'entité	le revenu	établir
le contrat	l'intérêt	créer
le nom	la balance	inclure
l'obligation	le cas	investir
la méthode	la part	évaluer
le procédé	le domaine	assumer
la contribution	l'expertise	créditer
la date	la réorganisation	débiter
le transfert	le nombre	distribuer
l'investissement	l'activité	fournir
la transaction	la liquidation	stipuler
la dette		se joindre
le talent		incorporer
le ratio	économique	réduire
l'allocation	net	interrompre
le salaire	liquidé	marquer
le reste	commercial	
	également	

Exercice 2   Match the verb in Column A with its noun form in Column B.

A	B
1. établir	a. la réorganisation
2. inclure	b. l'allocation
3. investir	c. l'interruption
4. évaluer	d. la contribution
5. contribuer	e. la liquidation
6. débiter	f. l'évaluation
7. créditer	g. la marque
8. transférer	h. le débit
9. allouer	i. le crédit
10. stipuler	j. l'établissement
11. réorganiser	k. la réduction
12. réduire	l. l'investissement
13. interrompre	m. l'inclusion
14. liquider	n. le transfert
15. marquer	o. la stipulation

Exercice 3   Complete each expression with the appropriate word(s).

1. business activities   les _____ commerciales
2. business transaction   la transaction _____
3. area of expertise   le domaine d'_____
4. personal debt   la _____ personnelle
5. date of transfer   la date du _____
6. salary allocation   l'allocation pour les _____
7. interest on capital   l'intérêt sur le _____
8. to join the partnership   se _____ à l'association
9. to share equally   partager _____
10. net income   le revenu _____

Exercice 4   Match the English word or expression in Column A with its French equivalent in Column B.

A	B
1. partnership	a. la valeur actuelle
2. partner	b. la valeur marchande
3. right; law	c. la société collective
4. to withdraw, withdrawal	d. la dissolution
5. to share	e. l'associé
6. to come from	f. évaluer
7. to appraise, value	g. le droit
8. present value	h. la marche
9. market value	i. retirer, le retrait
10. to retain, keep	j. partager
11. dissolution, dissolving	k. retenir
12. running, functioning	l. provenir de

13. evaluation, appraisal   m. l'évaluation
14. status of a legal entity   n. la personnalité juridique

Exercice 5   Complete each statement with the appropriate word(s).
1. Les _____ sont les propriétaires d'une société collective.
2. Une _____ a au moins deux propriétaires ou _____.
3. Chaque associé a ses _____ et ses obligations.
4. Le contraire de «verser» ou «investir» est «_____».
5. Les associés peuvent _____ les bénéfices (ou les pertes) de la société.
6. La _____ est le prix auquel on pourrait vendre quelque chose.
7. La valeur _____ est la valeur de quelque chose aujourd'hui.
8. Le revenu d'une entreprise commerciale _____ de la vente des marchandises.
9. Il va _____ la somme. Il ne va pas l'investir dans la société.
10. La _____ de l'entreprise peut s'effectuer au moment de la vendre ou de la liquider.
11. Un manque de capital peut affecter négativement la _____ d'une société.
12. Dans la plupart des sociétés collectives les associés _____ les bénéfices également.

Exercice 6   Match the English word or expression in Column A with its French equivalent in Column B.

A	B
1. drawing account	a. le compte de capital
2. fixed ratio	b. à plein temps
3. profit and loss statement	c. le compte de retrait
4. balance sheet	d. la société anonyme
5. capital account	e. le ratio déterminé (fixe)
6. capital account statement	f. le compte d'espèces
7. full-time	g. l'état de résultat
8. part-time	h. le bilan
9. corporation	i. l'état du compte de capital
10. cash account	j. à mi-temps

Exercice 7   Answer.
1. Madame Richelieu travaille 10 heures par semaine. Elle travaille à plein temps ou à mi-temps?
2. Mademoiselle Dupassy travaille 40 heures par semaine. Elle travaille à plein temps ou à mi-temps?
3. Si l'on veut connaître les bénéfices d'une société, doit-on consulter l'état de résultat ou le compte courant?
4. Quel compte indique l'argent que chaque associé a retiré de la société, le compte de capital ou le compte de retraits?

5. Quel compte indique combien l'associé a investi dans la société, le compte de retraits ou le compte de capital?
6. En général, laquelle a le plus de propriétaires, une société anonyme ou une société collective?

COMPREHENSION

Exercice 1 Answer.
1. Que doit inclure le contrat qui établit ou crée une société collective?
2. Au moment de créer une société collective, qu'est-ce qu'on inscrit dans un journal?
3. Comment est-il possible d'évaluer une société dont les associés ont investi des actifs qui ne sont pas sous forme d'argent liquide?
4. Que faut-il établir pour chaque associé?
5. Qu'est-ce qui figure sur le compte de retrait?
6. Comment les associés peuvent-ils partager les bénéfices de la société?
7. Qu'est-ce qu'un ratio déterminé?
8. Que faut-il faire si le contrat de l'association n'indique pas la façon de partager les bénéfices entre les associés?
9. Dans les sociétés collectives où les associés reçoivent un salaire, comment le salaire de chaque associé est-il déterminé?
10. Que font les associés s'il reste des bénéfices?
11. Dans quelques sociétés collectives il y a des associés qui reçoivent des intérêts et d'autres qui reçoivent des salaires. En général, qui reçoit des intérêts et qui reçoit un salaire?
12. Quand a lieu la dissolution ou la fin d'une société collective?
13. Que faut-il faire chaque fois qu'un associé se joint à la société ou la quitte?

Chapitre 21
LES ACTIONS

Les droits des actionnaires

Les propriétaires des sociétés anonymes sont les actionnaires. Toute société anonyme est obligée d'avoir un type d'action, l'action ordinaire. La société peut émettre d'autres types d'actions. Les droits des actionnaires sont:

- recevoir un titre de propriété et transférer ses actions par vente ou comme cadeau[1]
- voter dans les réunions d'actionnaires pour élire les membres du conseil d'administration
- acheter dans le cas d'une nouvelle émission d'actions le nombre d'actions nécessaire pour conserver la proportion d'actions qu'il avait avant la nouvelle émission
- recevoir les dividendes établis par le conseil d'administration
- recevoir des actifs (valeurs), s'il en reste après la dissolution de la société, une fois que les exigences des créanciers ont été satisfaites

Les actions privilégiées

Certaines sociétés anonymes émettent des actions privilégiées pour attirer les investisseurs qui ne veulent pas courir les risques que représentent les actions ordinaires. Par exemple, on paie les dividendes d'abord aux titulaires d'actions privilégiées. Néanmoins ces titulaires n'ont pas le droit de voter. Le capital propre des actionnaires apparaît sur le bilan de la façon suivante:

Capital propre des actionnaires
Capital actions .... 100 000 F
Bénéfices non distribués.................... <u>40 000</u> F   140 000 F

Cette section du bilan indique le total et les sources du capital de la société. Il y a deux parties, le capital contribué par les titulaires d'actions et le capital provenant des recettes—les bénéfices non distribués.

ETAT DE BÉNÉFICES NON DISTRIBUÉS

Bénéfices non distribués, 31 décembre 1991 ....   600 000 F
Revenu net 1992...   <u>180 000</u> F
    Total...   780 000 F

---

[1]*gift*

Moins: Dividendes en espèces

Actions (valeurs) privilégiées (@ 5 F) .... 17 500 F

Actions ordinaires (@ 5 F) .... 55 300 F

Dividendes sur actions @ 10% .... 140 000 F   212 800 F

Bénéfices non distribués, 31 décembre 1992 ....   567 200 F

On indique sur l'état de bénéfices non distribués les ressources obtenues par la société depuis sa création moins l'argent payé sous forme de dividendes. Les actions privilégiées viennent avant les actions ordinaires.

La valeur d'une action

En parlant de la valeur d'une action, on emploie plusieurs termes. La valeur au pair est un prix arbitraire qu'on donne à une action quand la société est incorporée. Ce prix n'a rien à voir avec la véritable valeur de l'action. La valeur marchande d'une action est le prix auquel on la vend. Le capital par action d'une action ordinaire est une exigence à tirer sur les actifs de l'entreprise que représente une action ordinaire. La valeur de liquidation d'une action est la somme que l'actionnaire recevrait si la société était liquidée, si elle vendait tous ses actifs, payait ses dettes (s'acquittait de son passif) et distribuait l'argent liquide qui restait à ses actionnaires.

Le bénéfice par action

Le bénéfice par action est une statistique importante en comptabilité. Pour déterminer le bénéfice par action, on divise le revenu net destiné aux actionnaires par la moyenne du nombre d'actions ordinaires. Le principe du bénéfice par action ne s'applique qu'aux actions ordinaires. Les actions privilégiées n'ont pas droit à des bénéfices supérieurs aux dividendes stipulés.

Les dividendes

Les dividendes en argent liquide sont très intéressants pour les investisseurs. Le conseil d'administration préfère souvent ne payer que le minimum en dividendes pour investir l'argent liquide en installation ou équipement. On paie aussi des dividendes sous forme d'actions supplémentaires au lieu d'argent liquide. Un dividende en liquide réduit les actifs et le capital de l'entreprise. Quand on paie les dividendes en actions, on ne distribue pas les actifs. Chaque actionnaire reçoit des actions supplémentaires, mais la proportion de leur capital propre ne change pas.

ETUDE DE MOTS

Exercice 1 Study the following cognates that appear in this chapter.

le propriétaire	le risque	la création
le type	le total	la liquidation
le membre	la source	la somme
la proportion	le capital	la statistique
le dividende	la ressource	le minimum
l'investisseur		

obligé	transférer	obtenir
arbitraire	voter	distribuer
incorporé	élire	investir
	conserver	

Exercice 2   Match each verb in Column A with its logical object in Column B.

A	B
1. payer	a. la source
2. élire	b. de l'argent
3. indiquer	c. le risque
4. distribuer	d. le dividende
5. investir	e. le président
6. courir	f. les bénéfices

Exercice 3   Give the word or expression being defined.
1. le montant
2. qui dépend du libre choix
3. lieu de provenance
4. le danger
5. l'ensemble des biens d'un individu ou d'une entreprise
6. le genre
7. celui qui investit son argent tel qu'un actionnaire
8. répartir, donner à plusieurs personnes

Exercice 4   Match the English word or expression in Column A with its French equivalent in Column B.

A	B
1. corporation	a. le capital propre
2. share, stock	b. le bénéfice par action
3. stockholder, shareholder	c. les bénéfices non distribués
4. certificate of ownership	d. l'émission
5. to issue	e. les exigences des créanciers
6. issue, issuance	f. la réunion des actionnaires
7. shareholders' equity	g. la société anonyme
8. par value	h. s'acquitter de ses dettes (du passif)
9. market value	i. l'action
10. common stock	j. l'actionnaire
11. preferred stock	k. la moyenne
12. earnings per share	l. le titulaire
13. retained earnings	m. l'action ordinaire
14. average	n. le titre
15. shareholders' meeting	o. la valeur marchande
16. board of directors	p. la valeur au pair

17. creditors' claims
18. holder
19. retained earnings statement
20. to pay off debts

q. émettre
r. l'état des bénéfices non distribués
s. l'action privilégiée
t. le conseil d'administration

Exercice 5   Complete each statement with the appropriate word(s).

1. «S.A.» est l'abréviation de «_____».
2. Une société anonyme _____ des actions.
3. Les membres du conseil d'_____ décident quels seront les dividendes que paiera la société aux _____.
4. Les actionnaires possèdent un _____ pour leurs actions.
5. Les _____ sont les propriétaires d'une société anonyme.
6. De temps en temps la société déclare l'_____ de nouvelles actions.
7. La valeur _____ est le prix auquel l'action se vend.
8. La valeur _____ est un prix arbitraire.
9. Ceux qui ont des actions _____ courent moins de risque que les titulaires des actions ordinaires.
10. _____ est le revenu net de l'entreprise divisé par la moyenne du nombre d'actions ordinaires.
11. _____ est le total (montant) du capital contribué par les actionnaires et les bénéfices non distribués.
12. _____ sont les bénéfices que l'entreprise n'a pas utilisé pendant une période donnée.
13. Une _____ est une unité de propriété dans la société anonyme.
14. La _____ a lieu une fois par an. Pendant cette _____ les actionnaires votent pour élire les membres du _____ qui élisent un président.
15. Les _____ sont des dettes.

COMPREHENSION

Exercice 1   Answer.

1. Que reçoivent les actionnaires quand ils achètent leurs actions?
2. Comment peuvent-ils transférer les actions?
3. Pour qui les actionnaires votent-ils?
4. Que peuvent faire les actionnaires s'il y a une nouvelle émission d'actions?
5. Les actions paient des intérêts ou des dividendes?
6. Qui reçoit les dividendes d'abord, les actionnaires qui ont des actions ordinaires ou ceux qui ont des actions privilégiées?
7. Qu'indique la section du bilan intitulée «capital propre»?
8. Qu'est-ce qui est indiqué sur l'état des bénéfices non distribués?
9. Comment les directeurs du conseil d'administration peuvent-ils payer les dividendes aux actionnaires?
10. Pourquoi certains directeurs préfèrent-ils payer le minimum de dividendes en espèces?

Exercice 2   In your own words, explain each of the following.
1. la valeur au pair
2. la valeur marchande
3. le capital propre
4. les bénéfices non distribués
5. le bénéfice par action

Chapitre 22
LE FLUX MONETAIRE

L'état du flux monétaire

Un des états financiers les plus importants est l'état du flux monétaire (cash flow). Le but de cet état financier est de fournir des renseignements sur les recettes, les frais et les dépenses effectués en liquide d'une entreprise commerciale pendant une période comptable. Il fournit aussi des renseignements sur le financement et les investsssements de l'entreprise pendant la même période.

Grâce à l'état du flux monétaire, on peut déterminer si l'entreprise aura la possibilité de créer des flux monétaires positifs dans l'avenir, si elle pourra s'acquitter de ses dettes et payer des dividendes et si elle aura besoin de financement externe et en quelle quantité. Il indique aussi les raisons des différences entre le montant du revenu net et le flux monétaire net des activités opérationnelles.

L'exploitation, l'investissement et le financement

Il y a trois catégories de cash dans l'état du flux monétaire. Ce sont l'exploitation, les investissements, le financement.

Dans la catégorie «exploitation», on enregistre toutes les activités qui permettent à l'entreprise de produire et de fournir les biens et services et les intérêts et dividendes provenant des investissements. Ce sont des encaissements. Les décaissements sont les paiements effectués aux fournisseurs, la distribution d'intérêts aux créanciers et le paiement (la contribution) des impôts. Il y a deux méthodes pour préparer la section «exploitation» de l'état de flux monétaire; la méthode directe et la méthode indirecte. Par la méthode directe, on se renseigne sur les encaissements bruts tels que l'argent liquide reçu des clients et les intérêts et dividendes payés à l'entreprise et les décaissements bruts tels que l'argent liquide payé aux employés et aux fournisseurs et les paiements de dividendes et intérêts aux actionnaires et créanciers. La méthode indirecte concilie le flux monétaire net avec le revenu net qui apparaît sur l'état de résultat pour indiquer le flux monétaire net d'exploitation.

Dans la section «investissement» apparaissent les emprunts faits et sollicités, l'acquisition ou la disposition des documents (titres) de dettes ou de capital, de propriété, d'installation ou d'équipement.

La troisième section est «financement». Le flux monétaire des activités de financement est déterminé par une analyse des variations de débit et de crédit enregistrés pendant une période donnée sur les comptes correspondants de passif et capital. En général les variations de débit et crédit sur les comptes du bilan sont égaux aux montants des flux monétaires correspondants.

Le premier actif qui apparaît sur le bilan est «capital en espèces». L'état du flux monétaire explique d'une façon détaillée les variations de cet actif d'une période à l'autre sur le bilan.

ETUDE DE MOTS

Exercice 1   Study the following cognates that appear in this chapter.

la période	l'employé	positif
le financement	l'acquisition	net
l'investissement	la disposition	externe
le dividende	la dette	opérationnel
le revenu	le capital	direct
la différence	la propriété	indirect
l'activité	l'analyse	égal
la catégorie	la variation	
le paiement	le débit	déterminer
la distribution	le crédit	concilier
la méthode		

Exercice 2   Complete each expression with the appropriate word(s).

1. accounting period   la _____ comptable
2. to distribute dividends   _____ les dividendes
3. outside financing   le _____ externe
4. net income   le revenu _____
5. gross income   le _____ brut
6. operating activities   les _____ opérationnelles
7. to reconcile the accounts   _____ les comptes

Exercice 3   Give the word or expression being defined.

1. l'action de financer
2. l'ensemble des biens d'un individu ou d'une entreprise
3. le changement
4. celui qui travaille pour une entreprise
5. l'action d'acheter ou d'acquérir
6. le contraire d'«acquisition»
7. ce que l'individu ou l'entreprise doit
8. ce qu'on possède
9. le classement
10. l'action de payer
11. une étude détaillée
12. la répartition

Exercice 4   Match the word or expression in Column A with its opposite in Column B.

A	B
1. externe	a. négatif
2. direct	b. brut
3. le crédit	c. différent
4. la disposition	d. la dépense
5. le revenu	e. l'acquisition
6. égal	f. le débit
7. net	g. indirect
8. positif	h. interne

Exercice 5   Match the word or expression in Column A with its French equivalent in Column B.

A	B
1. cash flow statement	a. l'état du flux monétaire
2. receipts and expenses	b. l'emprunt
3. charges	c. le créancier
4. cash receipts	d. brut
5. cash payments	e. les recettes et les dépenses
6. operation, operating activities	f. les frais
7. financing activities	g. concilier
8. investment activities	h. les biens et services
9. loan	i. les encaissements
10. to reconcile	j. les décaissements
11. gross	k. fournir
12. creditor	l. l'exploitation
13. supplier	m. l'investissement
14. goods and services	n. le financement
15. to supply	o. le fournisseur

Exercice 6   Tell whether each item constitutes «**une dépense**» or «**une recette**».
1. l'argent que les clients paient pour les biens ou services que l'entreprise fournit
2. les intérêts reçus
3. les intérêts distribués par l'entreprise
4. les impôts
5. l'acquisition d'un instrument fiscal, d'un effet de commerce

Exercice 7   Tell what is being described.
1. l'argent qu'on dépense
2. l'argent qu'on reçoit
3. ce qui fournit les renseignements sur les recettes et les dépenses effectuées en espèces
4. l'argent que l'on prête ou emprunte à quelqu'un

Exercice 8   Give the word or expression being defined.

1. celui à qui l'argent est dû, le contraire de «débiteur»
2. celui qui fournit ce dont on a besoin
3. régler les comptes
4. l'argent obtenu qu'on repaiera plus tard avec des intérêts
5. le cash flow
6. le déroulement de l'entreprise

COMPREHENSION

Exercice 1   True or false?

1. L'état du flux monétaire fournit des renseignements sur les recettes, les frais et les dépenses effectués en espèces (en argent liquide).
2. S'il reste très peu d'argent liquide, il peut y avoir un flux monétaire positif à l'avenir.
3. Si l'entreprise ne peut pas satisfaire ses dettes ni payer les dividendes, il est évident qu'elle aura besoin de financement externe.
4. Il y a beaucoup de méthodes pour préparer la section «exploitation» de l'état du flux monétaire.
5. Par la méthode directe on se renseigne sur de grandes catégories telles que les recettes brutes en espèces et les paiements (dépenses) bruts en espèces.
6. Les emprunts faits et sollicités par l'entreprise paraissent dans la section «financement».
7. Le premier actif sur le bilan est le capital en espèces.

Chapitre 23
ANALYSE ET RATIOS

La vérification des comptes externe

Pour juger de la stabilité financière d'une entreprise, il faut interpréter ses états financiers. Les états financiers servent différents publics.

Pour pouvoir se fier[1] aux comptes financiers, les entreprises ont recours à une vérification de comptes indépendante (externe). Une vérification de comptes est une étude détaillée de chaque enregistrement sur les états financiers. Une fois que les experts-comptables ont terminé leur vérification, ils préparent un rapport qui présente leurs conclusions sur les états financiers de l'entreprise.

Les états financiers comparatifs

Les états financiers comparatifs indiquent les données financières pour une période de deux ans ou plus, en colonnes parallèles. Les montants pour l'année la plus récente apparaissent dans la colonne de gauche. Souvent, le bilan aussi bien que l'état de résultat se prépare comme un état financier comparatif.

VERCINGÉTORIX, S.A.
ÉTAT DE RÉSULTAT COMPARATIF
RÉSULTATS 1993, 1992, 1991
(en milliers de francs)

	1993	1992	1991
Ventes nettes	600	500	400
Coût de biens vendus	370	300	235
Bénéfice brut	230	200	165
Frais	194	160	115
Revenu net	36	40	50

L'analyse des tendances est une autre type d'état financier qui permet de comparer des variations proportionnelles dans des catégories sélectionnées des états financiers. Les périodes varient de 5 à 20 ans. On choisit une année de base et on calcule les totaux de certaines écritures des années suivantes. Puis on exprime ces totaux en pourcentages par rapport à l'année de base. Les totaux de l'année de base sont toujours 100%.

---

[1] *trust*

**Données sélectionnées des états de résultat
comme pourcentages de l'année de base 1989**

	1993	1992	1991	1990	1989
Ventes nettes...........	222%	173%	145%	103%	100%
Bénefice brut	142	104	104	102	100
Revenu net	166	117	105	101	100

La rentabilité du capital

Pour savoir quels ont été les bénéfices de l'entreprise, les investisseurs ont recours à différents ratios tels que le rendement d'un investissement et la rentabilité du capital. Ce sont des mesures efficaces dont se servent les gestionnaires pour analyser les décisions à prendre pour assurer la rentabilité maximum de l'entreprise.

Connaître le ratio de rentabilité du capital[2] permet aux gestionnaires d'utiliser et de bénéficier de toutes les ressources disponibles avec plus d'efficacité. Pour déterminer le ratio de rentabilité du capital on utilise la formule suivante:

$$\text{Ratio de rentabilité du capital} = \frac{\text{revenu net + frais d'intérêt}}{(\text{total actifs début de l'année + total actifs fin de l'année}) \div 2}$$

Considérons cet exemple:

AUTOMOBILES MARBEILLE, S.A.

Revenu net (199x)	17 575 000 F
Frais d'intérêts	3 120 000 F
Total: actif début de l'année	156 625 000 F
Total: actif fin de l'année	172 583 000 F

$$\frac{17\ 575\ 000 + 3\ 120\ 000}{(156\ 625\ 000 + 172\ 583\ 000) \div 2} =$$

$$\frac{20\ 695\ 000}{164\ 604\ 000} = 12{,}57\%$$

Savoir le ratio de rentabilité des capitaux propres augmente l'efficacité des gestionnaires à utiliser les ressources investies par les actionnaires ordinaires. Pour déterminer le ratio de rentabilité des capitaux propres des actionnaires ordinaires on utilise la formule suivante:

$$\text{Ratio de rentabilité des capitaux propres} = \frac{\text{revenu net − dividendes privilégiés}}{\substack{\text{la moyenne de capital propre} \\ \text{(des actionnaires ordinaires)}}}$$

---

[2]*On dit en anglais* «le rendement sur les actifs totaux».

Exemple:

AUTOMOBILES MARBEILLE, S.A.

Dividendes privilégiés.................................... 500 000 F
Valeur au pair des actions privilégiées.......... 5%
Montant: dividendes privilégiés...................... 25 000 F

Moyenne capital propre des actionnaires ordinaires:

    total, capital propre
  − <u>capital des actionnaires privilégiés</u>
  = capital propre des actionnaires comunes

   1 janvier, 199x   87 710 000   −   500 000 =   87 210 000 F
+ 31 décembre 199x 103 550 000 −   500 000 = 190 260 000 F
                                  ÷ 2
              Moyenne de capital propre des
              actionnaires ordinaires 199x   =   95 130 000 F

Ratio de rentabilité du capital
propre des actionnaires ordinaires $= \dfrac{17\,575\,000 - 25\,000}{95\,130\,000} = .1845 = 18{,}45\%$

ETUDE DE MOTS

Exercice 1   Study the following cognates that appear in this chapter.

la stabilité	la catégorie	parallèle
le public	le total	récent
le recours	le pourcentage	proportionnel
la conclusion	l'investisseur	selectionné
la période	le ratio	de base
la colonne		détaillé
l'analyse	financier	
la tendance	indépendant	indiquer
le type	externe	comparer
la variation	comparatif	calculer

Exercice 2   Complete each expression with the appropriate word(s).
1. financial stability   la _____ financière
2. independent audit   une vérification de comptes
                              _____
3. outside audit   une _____ externe
4. comparative financial statement   un état financier _____
5. financial data   les données _____
6. parallel columns   les _____ parallèles

7. trend analysis   l'_____ des tendances
8. base year   l'année de _____

Exercice 3   Complete each statement with the appropriate word(s).
1. Une vérification de comptes est une étude _____ de toutes les
   _____ d'un état financier.
2. Beaucoup d'états financiers, surtout ceux qui sont comparatifs, ont des
   colonnes _____.
3. Si on veut savoir les variations entre les résultats financiers du passé et
   ceux des années plus _____, il faut préparer un état financier
   _____.
4. Il y a beaucoup de _____ de comptes sur le bilan et l'état de
   résultats.

Exercice 4   Match the English word or expression in Column A with its
French equivalent in Column B.

A	B
1. independent audit	a. l'écriture, l'enregistrement
2. CPA	b. la vérification des comptes
3. financial data	indépendante
4. trend analysis	c. l'expert-comptable
5. managerial efficiency	d. l'efficacité gestionnaire
6. return on investment	e. le rapport
7. return on total assets	f. les données financières
8. entry	g. la rentabilité du capital (des capitaux
9. report	investis)
	h. l'analyse des tendances
	i. le rendement d'un investissement

Exercice 5   Give the term being defined.
1. une investigation minutieuse de tous les détails qui figurent sur un état
   financier
2. un comptable qui peut (a la licence de) faire une vérification de comptes
   indépendante
3. une mesure pour comparer les résultats négatifs ou positifs financiers d'une
   année de base par rapport aux années plus récentes
4. ce que l'expert-comptable prépare après avoir fait une vérification de
   comptes
5. ce que la gestion doit avoir pour réaliser des bénéfices de toutes ses
   ressources financières
6. un investissement des avantages qu'il y a à faire
7. ce qu'on inscrit dans un journal ou un autre état financier

COMPREHENSION

Exercice 1   Answer.

1. Pour juger de la stabilité financière d'une entreprise, que faut-il faire?
2. Pourquoi les entreprises ont-elles toujours une vérification de comptes externe (indépendante)?
3. Qu'est-ce qu'une vérification de comptes?
4. Que prépare l'expert-comptable après avoir terminé la vérification des comptes?
5. Qu'indiquent les états financiers comparatifs?
6. Dans un état financier comparatif, où paraissent les montants des années les plus récentes?
7. Que peut-on comparer dans une analyse des tendances?
8. Pour préparer une analyse des tendances il faut déterminer une année de base. A quel pourcentage les montants de l'année de base sont-ils fixés?

Exercice 2   Draw up the following statement in French.

Comparative Profit and Loss Statement

Net sales
Cost of goods sold
Gross income
Expenses
Net income

Chapitre 24
LA COMPTABILITE
DE GESTION

Pour diriger les activités d'une entreprise, il faut se servir avec efficacité de l'information comptable. Il y a deux types de comptabilité, la comptabilité financière et la comptabilité de gestion. Le premier type développe et analyse l'information qui décrit l'état financier et les résultats opérationnels de l'entreprise. L'utilisation en est interne aussi bien qu'externe. Le second type développe et analyse l'information comptable qui servira uniquement aux gestionnaires de l'entreprise. On peut diviser la comptabilité de gestion en trois grandes parties: la comptabilité prix de revient, la planification et le contrôle, et le plan d'information comptable qui sera utilisé lors de la prise de décisions de gestion.

Les frais

Les gestionnaires ont besoin de savoir quels sont les frais encourus par les diverses exploitations commerciales. Ainsi, ils peuvent déterminer si certaines activités sont rentables ou non, et si les différents services fonctionnent avec efficacité. Le système comptable doit fournir des renseignements sur les frais de fabrication pour chaque produit et les frais encourus par les autres services tels que la comptabilité, le personnel et la commercialisation.

La planification et le contrôle

La planification définit les buts et les objectifs de l'entreprise. Ils se présentent souvent en termes monétaires tels que «ventes nettes de 80 millions dans l'année qui vient». Le contrôle consiste à surveiller[1] les activités prévues pour déterminer si les objectifs sont atteints ou non, et pour prendre les mesures nécessaires pour rectifier la situation quand les résultats ne sont pas ceux auxquels on s'attendait. La comptabilité de gestion nécessite la préparation de l'information comptable pour aider le gestionnaire à déterminer quelle décision prendre dans un cas spécifique.

Les frais de fabrication

Les entreprises de manufacture ont trois types de frais: les matériaux (matières premières et autres matériaux qui font partie intégrale des biens de production), la main-d'œuvre (les salaires et paies des employés qui travaillent directement sur les

---

[1]*monitor*

produits fabriqués, soit à la main, soit à l'aide d'outils) et finalement, les frais généraux. Les frais généraux incluent les frais administratifs, les réparations[2], l'amortissement de l'équipement, etc.

Certains frais sont des frais de produit, d'autres sont des frais périodiques. Les frais de produit sont les frais d'achat ou de production de l'inventaire. Avant que les biens ne se vendent, les frais de produit représentent l'inventaire, qui est un actif. Quand les biens se vendent, les frais de produit sont déduits du revenu comme frais de produits vendus ou le coût de ventes.

Les frais liés à une période de temps donnée sont les frais périodiques. Ils incluent tous les frais relatifs aux ventes, les frais généraux et administratifs, les intérêts et les impôts.

Les entreprises de manufacture ont trois types d'inventaires:
- l'inventaire des matériaux: les matériaux prêts à être utilisés
- l'inventaire du travail en cours: les produits qui ne sont pas terminés parce qu'ils sont en train d'être fabriqués
- l'inventaire des produits finis: les produits qui sont prêts à être vendus

Les trois types d'inventaires figurent sur le bilan et sont classés comme actifs circulants.

USINES MARTIN, S.A.
BILAN (PARTIEL)
EXERCICE 31 DÉCEMBRE 19XX

Actifs circulants:		
Capital...		60 000
Compte d'achats...		190 000
Inventaires:		
Matériaux..	20 000	
Travail en cours.................................	40 000	
Produits finis......................................	168 000	228 000
Total actifs circulants		478 000

---

[2]*repairs*

ETUDE DE MOTS

Exercice 1   Study the following cognates that appear in this chapter.

l'information	la mesure	interne
le type	la manufacture	externe
le résultat	les matériaux	monétaire
la planification	les matières	nécessaire
le contrôle	le salaire	périodique
le personnel	la paie	
l'objectif	l'inventaire	développer
le terme		analyser

Exercice 2   Match the word or expression in Column A with its definition in Column B.

	A		B
1.	le type	a.	le stock
2.	l'information	b.	de l'extérieur
3.	analyser	c.	le moyen
4.	externe	d.	le but
5.	le personnel	e.	le genre
6.	l'objectif	f.	corriger
7.	la mesure	g.	les renseignements
8.	rectifier	h.	de temps en temps
9.	périodique	i.	étudier minutieusement
10.	l'inventaire	j.	l'ensemble des employés

Exercice 3   Complete each expression with the appropriate word(s).

1. in monetary terms   en termes _____
2. accounting information   l'_____ comptable
3. necessary measure   la mesure _____
4. internal control   le contrôle _____
5. expected result   le _____ prévu

Exercice 4   Match the English word or expression in Column A with its French equivalent in Column B.

	A		B
1.	financial accounting	a.	les frais d'exploitation
2.	managerial accounting	b.	l'inventaire du travail en cours
3.	cost accounting	c.	les matériaux directs
4.	operating costs	d.	la planification et le contrôle
5.	manufacturing costs	e.	les frais de fabrication
6.	direct labor costs	f.	la comptabilité financière
7.	direct materials	g.	la comptabilité de gestion
8.	overhead	h.	l'inventaire des matériaux
9.	planning and control	i.	la comptabilité prix de revient
10.	marketing	j.	l'inventaire des produits finis
11.	materials inventory	k.	les frais de la main-d'œuvre
12.	work-in-process inventory	l.	les frais périodiques
13.	finished goods inventory	m.	les frais de produit
14.	periodic costs	n.	les frais généraux
15.	administrative costs	o.	les frais de produits vendus
16.	cost of goods sold	p.	le coût de ventes
17.	cost of sales	q.	les frais administratifs
18.	production costs	r.	la commercialisation, le marketing

Exercice 5   Tell what is being described.
1. les coûts encourus pour fabriquer ou faire un produit fini
2. le coût des salaires des travailleurs
3. les coûts encourus pour acheter les matériaux dont on a besoin pour fabriquer le produit
4. les coûts qui n'ont rien à voir avec l'achat ou la fabrication du produit tels que les frais administratifs, les réparations, etc.
5. le marketing
6. la branche de la comptabilité qui prépare des renseignements que les gestionnaires utilisent dans la prise de décisions concernant la planification et le contrôle du commerce
7. l'inventaire des ressources qui seront utilisées dans la fabrication du produit
8. l'inventaire des produits déjà fabriqués
9. la branche de la comptabilité qui détermine le coût total d'un bien fabriqué
10. la formulation de buts et objectifs pour l'avenir et la vérification des activités prévues

COMPREHENSION _____

Exercice 1   Select what is being described.
1. le développement et l'interprétation d'information comptable qui sera utilisée lors de la prise de décisions qui auront un impact sur les activités présentes (actuelles) et futures de l'entreprise
   a. la comptabilité prix de revient
   b. la comptabilité de gestion
   c. la comptabilité financière
2. le développement et l'interprétation d'information qui décrit l'état financier et les résultats de l'exploitation de l'entreprise
   a. la comptabilité prix de revient
   b. la comptabilité de gestion
   c. la comptabilité financière
3. l'information sur les frais de fabrication de chaque produit et les frais généraux de l'entreprise qui détermine la rentabilité de certaines activités
   a. la comptabilité prix de revient
   b. la comptabilité de gestion
   c. la comptabilité financière
4. les frais liés au temps comme, par exemple, des frais généraux et administratifs
   a. la comptabilité prix de revient
   b. les frais de produit
   c. les frais périodiques

Exercice 2   Answer.

1. Pourquoi la comptabilité de gestion est-elle importante?
2. Comment peut-on présenter les buts ou les objectifs d'une entreprise en termes monétaires?
3. Quels sont les trois types de frais des entreprises de manufacture ou de fabrication?
4. Quels sont les trois types d'inventaires de ces entreprises?

Chapitre 25
LE BUDGET

L'outil qu'utilisent les comptables pour aider les gestionnaires à prendre des décisions lors de la planification est le budget. Le budget peut être considéré comme l'expression quantitative des buts de l'entreprise. Les autres avantages des budgets sont: une planification efficace, le contrôle du rendement, la communication et la coordination.

Quand ils préparent les budgets, les gestionnaires doivent considérer tous les aspects des activités internes de l'entreprise et prévoir les conditions économiques futures telles que les frais, les taux d'intérêts, la demande pour le produit et le niveau de concurrence.

Les budgets indiquent les coûts et frais projetés pour chaque service aussi bien que le niveau de production. Ainsi, les budgets sont un moyen de mesurer le rendement des différents services.

Le budget général est une série de budgets qui sont regroupés dans un résumé de toutes les activités projetées de l'entreprise, par exemple:
- Budgets d'exploitation
  Pronostic des ventes
  Plan de production (nombre d'unités qui seront fabriquées)
  Budget des coûts de production
  Budget des frais d'exploitation
  Etat de résultat comptabilisé
- Budgets des frais de capital
- Budgets financiers
  Budget de trésorerie (d'espèces)
  Bilan général du budget

La préparation du budget

Les pas à suivre lorsqu'on prépare un budget général sont les suivants:
- La préparation d'un pronostic de ventes
- La préparation d'un budget pour la production—coûts de production et frais d'exploitation
- La préparation d'un état de résultat comptabilisé
- La préparation d'un budget de trésorerie
- La préparation du bilan général comptabilisé

Un budget «adaptable» permet d'ajuster facilement les revenus projetés, les frais et le flux monétaire à différents niveaux d'exploitation. Le budget adaptable combine les concepts budgétaires et l'analyse de coût-volume-rentes (bénéfices). Un budget pour tenir compte de changements dans les niveaux de production ou de ventes serait une tâche énorme s'il devait être fait à la main. Grâce aux ordinateurs, cela peut se faire facilement et rapidement.

Il est très important que les chiffres qui figurent dans les budgets soient réalistes et raisonnables.

ETUDE DE MOTS

Exercice 1   Study the following cognates that appear in this chapter.

le budget	la condition	quantitatif
l'expression	la demande	interne
l'avantage	le produit	futur
la planification	la production	opérationnel
le contrôle	le résumé	
la communication	l'unité	considérer
la coordination	le nombre	projeter
l'aspect	le(s) revenu(s)	combiner
l'activité	le concept	

Exercice 2   Complete each expression with the appropriate word(s).
1. economic climate (conditions)   la condition _____
2. quantitative expression   l'_____ quantitative
3. future demand   la _____ future
4. production level   le niveau de _____
5. the number of units   le nombre d'_____
   manufactured   fabriquées
6. projected revenue   les _____ projetés

Exercice 3   Give another form of each of the following words.
1. produire
2. l'opération
3. coordonner
4. avantageux
5. budgétaire
6. la combinaison
7. projeter
8. demander
9. communiquer
10. le plan

Exercice 4   Match the English word or expression in Column A with its French equivalent in Column B.

A	B
1. budget	a. le budget
2. budgetary	b. le budget des frais de capital

3. budgeted
4. master budget
5. capital expenditure budget
6. cash budget
7. budgeted income statement
8. budgeted income
9. budgeted balance sheet
10. cash flow
11. operating budget
12. operating expenses

c. l'état de résultat comptabilisé
d. le budget général
e. budgétaire
f. les revenus prévus, projetés
g. comptabilisé
h. le bilan comptabilisé
i. le budget de trésorerie
j. le flux monétaire
k. le budget d'exploitation
l. les frais d'exploitation

Exercice 5 Tell what is being described.
1. le montant d'argent que l'entreprise pense recevoir et dépenser
2. le montant projeté des recettes et des frais effectués en espèces (argent liquide)
3. les revenus que l'entreprise pense réaliser
4. la balance que l'entreprise pense tenir après un certain exercice (période de temps comptable)
5. les frais que l'entreprise pense encourir pour faire fonctionner les activités de l'entreprise
6. le total des frais projetés pendant un exercice
7. le montant qu'on pense dépenser pour l'acquisition des actifs tels que l'équipement, les machines, les bâtiments, etc.

Exercice 6 Match the English word or expression in Column A with its French equivalent in Column B.

A	**B**
1. to forecast	a. la demande pour le produit
2. sales forecast	b. les coûts de fabrication
3. competition	c. le rendement
4. return	d. prévoir, pronostiquer, projeter
5. product demand	e. le taux d'intérêt
6. interest rate	f. le pronostic de ventes
7. manufacturing costs	g. le plan de production
8. production schedule	h. la concurrence
9. computer	i. informatiser
10. to computerize	j. l'ordinateur

Exercice 7 Tell what is being described.
1. le nombre d'unités d'un produit qu'on projette de vendre
2. l'intérêt ou la nécessité pour un certain produit de la part du public, du marché
3. le gain qu'on espère tirer d'un investissement
4. la date de termination des diverses étapes de fabrication ou production d'un bien (d'un produit)

5. ce qu'il coûtera pour fabriquer un produit
6. ce qui est créé par l'ensemble des entreprises qui se consacrent à la production et à la vente du même type de produit
7. le pourcentage qu'il faut payer à la banque pour un emprunt

COMPREHENSION

Exercice 1   Answer.
1. Quel est un outil très important utilisé par les gestionnaires pour les aider à prendre des décisions lors de la planification?
2. Qu'est-ce que le budget?
3. Que doivent considérer les gestionnaires lorsqu'ils préparent un budget?
4. Qu'indiquent les budgets?
5. Qu'est-ce que le budget général?
6. Qu'est-ce qu'un budget adaptable?
7. Comment les chiffres qui figurent dans les budgets doivent-ils être?
8. Pourquoi devient-il de plus en plus facile de faire les changements nécessaires dans les budgets?

Exercice 2   Explain the following terms.
1. le pronostic de ventes
2. le budget des frais d'exploitation
3. le budget des frais de capital
4. le budget de trésorerie
5. le budget adaptable

Exercice 3   Outline the steps that should be taken in the preparation of a master budget.

Chapitre 26
LE COMMERCE INTERNATIONAL

Les entreprises multinationales opèrent dans plus d'un pays. L'importance de l'exploitation à l'étranger est évidente quand on voit le pourcentage des revenus qu'a rapporté récemment cette exploitation à plusieurs sociétés multinationales.

Société	Revenu total (US$)	% Etranger
Coca-Cola (USA)	6 250 000 000	42,7
Sony (Japon)	4 520 000 000	74,5
Exxon (USA)	97 173 000 000	71,4
Nestlé (Suisse)	13 626 000 000	92,2

Problèmes comptables du commerce international

Le commerce international présente des difficultés spéciales pour les comptables. D'abord, les transactions internationales s'effectuent en devises (argent) étrangères qu'il faut convertir en monnaie nationale. La préparation d'états financiers avec des devises différentes pour chacun des pays où l'entreprise a des filiales est compliquée. De plus, les méthodes comptables varient de pays à pays.

Les risques

Si une entreprise nord-américaine vend à une entreprise française, par exemple, et, selon un accord, reçoit le paiement en dollars, elle ne court aucun risque. Mais la société française, elle, court le risque qu'un changement du taux de change fasse augmenter le prix du produit. Car si le franc baisse, le prix du produit augmente.

Date	Dollar/Franc	Franc/Dollar
1er décembre	0,166	6
10 décembre	0,20	5
31 décembre		
10 janvier		

Par exemple, Gourmet Foods, une société de produits alimentaires américaine, a acheté pour 70 000 $ (420 000 F) des truffes[1] à l'entreprise française Périgord, S.A., le 1er décembre et elle a payé le 10 décembre.

---

[1] *truffles*

GOURMET FOODS

Date	Description	Débit (dollars)	Crédit (dollars)
1er décembre	Achats	70 000	
	Effets à payer		70 000
10 décembre	Effets à payer	70 000	
	Capital		70 000

PÉRIGORD, S.A.

Date	Description	Débit (francs)	Crédit (francs)
1er décembre	Effets à recevoir	420 000	
	Ventes		420 000
	(70 000 $ x 6 F)		
10 décembre	Capital (70 000 x 5)	350 000	
	Perte due au change	70 000	
	Effets à recevoir		420 000

Dans cette transaction, Périgord, S.A., a perdu 70 000 F quand l'achat a été facturé et payé en dollars. Le taux de change entre la France et les Etats-Unis est passé de 6 francs le dollar à 5 francs. C'est pourquoi Gourmet Foods a payé 70 000 F de moins pour s'acquitter de sa dette de 70 000 $ et Périgord, S.A., a reçu moins de francs qu'elle n'en aurait eus si Gourmet Foods avait payé le jour même où la commande avait été passée.

Par contre, si l'accord avait été de payer en francs, le risque aurait été pour Gourmet Foods, parce que le taux de change est passé de 0,166 à 0,20. Gourmet Foods aurait perdu 14 000 $ parce qu'elle aurait dû payer plus de dollars pour l'achat.

GOURMET FOODS

Date	Description	Débit (dollars)	Crédit (dollars)
1er décembre	Achats	70 000	
	Effets à payer		70 000
	(70 000 x 0,166)		
10 décembre	Effets à payer	84 000	
	Perte due au change		14 000
	Capital		14 000

PÉRIGORD, S.A.

Date	Description	Débit (francs)	Crédit (francs)
1er décembre	Effets à recevoir	350 000	
	Ventes		350 000
10 décembre	Capital (70 000 x 5)	420 000	
	Gain dû au change	70 000	
	Effets à recevoir		420 000

Les pertes ou les gains qui résultent des fluctuations des taux de change pour des transactions effectuées pendant l'exercice s'appellent «des gains ou des pertes (de change) réalisés». Les gains ou les pertes qui résultent de transactions qui ne sont pas terminées à la fin de l'exercice et qui doivent être ajustées sur les registres pour savoir quelles sont les gains et les pertes, sont appelés «non réalisés».

ETUDE DE MOTS

Exercice 1   Study the following cognates that appear in this chapter.

le pourcentage	multinational	opérer
la difficulté	international	présenter
la transaction	spécial	convertir
la méthode	national	varier
le paiement	compliqué	augmenter
le dollar		résulter
le risque		
la fluctuation		

Exercice 2   Complete each statement with the appropriate word(s).
1. On doit faire le _____ avant la date d'échéance.
2. La monnaie des Etats-Unis est le _____.
3. Une entreprise _____ opère dans beaucoup de pays du monde.
4. La valeur du dollar varie car il y a des _____.
5. Il faut _____ les devises étrangères (le franc français, le yen japonais, la livre sterling, etc.) en monnaie nationale.

Exercice 3   Match the word or expression in Column A with its opposite in Column B.

A	B
1. augmenter	a. compliqué
2. le paiement	b. baisser
3. simple	c. national
4. international	d. la recette
5. la facilité	e. commun
6. spécial	f. la difficulté

Exercice 4   Match the English word or expression in Column A with its French equivalent in Column B.

A	B
1. foreign	a. baisser
2. international trade, commerce, business	b. augmenter
	c. le taux de change
3. to bill	d. étranger
4. to go down	e. l'achat
5. to go up	f. le commerce international

6. foreign currency
7. national currency
8. rate of exchange
9. agreement
10. purchase
11. subsidiary
12. loss
13. accounting period, fiscal year
14. realized exchange, gains and losses

g. la perte
h. facturer
i. l'exercice
j. la devise, les devises
k. la monnaie nationale
l. la filiale
m. l'accord
n. les gains et pertes de change réalisés

Exercice 5   Complete each statement with the appropriate word(s).

1. Les _____ sont des monnaies étrangères.
2. La France est un pays _____.
3. Une entreprise qui a des _____ dans beaucoup de pays du monde est une entreprise multinationale.
4. Le _____ de change établit la valeur de la monnaie.
5. Le taux de change a toujours des fluctuations. Un jour la valeur du dollar _____ et un autre jour elle _____.
6. Le dollar est la _____ des Etats-Unis et le franc est _____ de France.
7. Le contraire de «gain» est «_____».
8. Le _____ varie, il n'est pas constant.
9. L'_____ peut varier d'une société à l'autre, par exemple du 1er janvier au 31 décembre; ou du 1er novembre au 31 octobre.
10. La plupart des entreprises ne paient pas le jour où elles sont _____.
11. Le commerce est l'_____ et la vente de marchandises.

COMPREHENSION

Exercice 1   In your own words, explain each of the following.

1. une entreprise multinationale
2. les problèmes comptables spéciaux du commerce international
3. le risque de payer ou de recevoir des fonds en devises étrangères
4. le taux de change

ANSWERS TO VOCABULARY EXERCISES

LA FINANCE

CHAPITRE 1: Introduction

Exercice 2
1. e 2. g 3. a 4. i 5. j 6. m 7. k 8. d 9. o 10. f 11. b 12. c
13. n 14. h 15. l 16. p

Exercice 3
1. contrôleur 2. demande 3. compagnie 4. membre 5. salaire

Exercice 4
1. d 2. f 3. h 4. a 5. j 6. m 7. n 8. e 9. g 10. c 11. b 12. i
13. k 14. l

Exercice 5
1. e 2. f 3. h 4. j 5. a 6. b 7. m 8. l 9. d 10. c 11. q 12. p
13. r 14. g 15. k 16. s 17. i 18. u 19. o 20. n 21. t

Exercice 6
1. investir 2. investissement 3. actions 4. investisseurs 5. actionnaires

Exercice 7
1. le président-directeur général 2. taux d'intérêt 3. comptabilité 4. élire
5. à court terme 6. assurances 7. argent liquide 8. gains (revenus)
9. société anonyme 10. but 11. hausse du prix 12. coût

Exercice 8
1. c 2. g 3. a 4. i 5. j 6. d 7. l 8. k 9. e 10. h 11. f 12. b

Exercice 9
1. le contremaître (l'agent de maîtrise) 2. l'ouvrier 3. le chef de service
4. la caisse de retraite 5. la main-d'œuvre 6. les ventes 7. le vendeur
8. la fabrication 9. le programme de motivation 10. la direction (la gestion)
11. la comptabilité

CHAPITRE 2: Le système financier

Exercice 2
1. négociable 2. La commission 3. intérêts 4. contribuent 5. La banque
6. un dividende 7. stable

Exercice 3
1. f   2. h   3. b   4. a   5. g   6. d   7. c   8. e

Exercice 4
1. c   2. a   3. f   4. d   5. h   6. g   7. k   8. l   9. j   10. o   11. p   12. r
13. t   14. m   15. n   16. q   17. s   18. b   19. e   20. i

Exercice 5
1. b   2. d   3. g   4. a   5. e   6. i   7. h   8. c   9. f   10. j   11. k

Exercice 6
1. a   2. c   3. b   4. a   5. b   6. a   7. b   8. b   9. a   10. b

Exercice 7
1. le courtier   2. la Bourse de New York   3. l'action   4. l'actif   5. le passif
6. le montant   7. les économies   8. les impôts   9. un bon   10. l'actionnaire
11. négocier   12. l'escompte   13. monter   14. baisser   15. la valeur nominale
16. une revendication

Exercice 8
1. c   2. f   3. h   4. a   5. b   6. k   7. l   8. d   9. n   10. p   11. i   12. g
13. o   14. e   15. j   16. m

Exercice 10
1. b   2. c   3. a   4. b

Exercice 11
1. b   2. d   3. e   4. h   5. j   6. i   7. f   8. a   9. c   10. g

CHAPITRE 3: Les types d'entreprise

Exercice 2
1. d   2. e   3. a   4. f   5. g   6. b   7. h   8. c

Exercice 3
1. le domicile   2. le coût   3. le revenu   4. la propriété   5. participer
6. la somme   7. sauvegarder   8. le propriétaire

Exercice 4
1. h   2. g   3. d   4. c   5. a   6. b   7. f   8. e

Exercice 5
1. c   2. f   3. h   4. a   5. b   6. k   7. l   8. o   9. e   10. d   11. q   12. t
13. g   14. u   15. v   16. m   17. i   18. j   19. p   20. r   21. n   22. s

Exercice 6
1. b   2. a   3. b   4. a   5. b   6. b   7. a   8. c   9. b   10. c   11. a   12. c
13. b   14. b   15. a

Exercice 7
1. dissoudre   2. la dette (la perte)   3. la société à but non lucratif   4. l'actionnaire
5. la société anonyme   6. poursuivre   7. le revenu

Chapitre 4: Les impôts

Exercice 2
1. e 2. g 3. a 4. f 5. b 6. c 7. d 8. h

Exercice 3
1. public 2. nationale 3. Sociale 4. fédéral 5. gouvernement 6. source
7. original 8. période 9. situation 10. déduction 11. exemption

Exercice 4
1. banque 2. retenir 3. L'employé, salaire 4. intérêts 5. dette 6. différence

Exercice 5
1. l 2. k 3. j 4. h 5. g 6. i 7. f 8. e 9. d 10. c 11. b 12. a

Exercice 6
1. le trimestre 2. le contribuable 3. la personne à charge 4. le revenu brut
5. prélever 6. les impôts sur les sociétés 7. les impôts sur les revenus personnels
8. les impôts sur les biens immobiliers 9. les impôts sur les ventes
10. le revenu imposable

Exercice 7
1. d 2. e 3. i 4. h 5. a 6. f 7. b 8. g 9. c

Exercice 8
1. le compte individuel de retraite 2. le gain 3. la plus-value 4. la perte
5. la valeur de marché 6. prêter 7. le montant 8. la récupération du coût
9. le prix de vente

Chapitre 5: L'intérêt composé

Exercice 2
1. calculs 2. double 3. période 4. intérêts, dividendes 5. maximum 6. dollar

Exercice 3
1. la dette 2. approximatif 3. augmenter 4. diminuer 5. le nombre
6. le concept 7. le dollar 8. la portion 9. la totalité 10. le double

Exercice 4
1. c 2. f 3. g 4. a 5. i 6. m 7. b 8. n 9. e 10. k 11. d 12. l
13. j 14. h

Exercice 5
1. la valeur actuelle 2. la valeur future 3. le taux d'intérêt 4. le compte d'épargne
5. l'annuité 6. placer 7. le flux monétaire 8. l'intérêt composé 9. emprunter
10. s'acquitter de la dette 11. allouer

Chapitre 6: Les plans d'investissement

Exercice 2
1. le système top-down 2. le système bottom-up 3. la source 4. planifier
5. investir 6. réviser 7. le coût 8. la prospérité 9. la variation 10. analyser
11. la procédure 12. la documentation 13. évaluer 14. calculer

Exercice 3
1. q   2. o   3. p   4. n   5. m   6. l   7. k   8. j   9. i   10. h   11. g   12. f
13. e   14. d   15. c   16. b   17. a

Exercice 4
1. c   2. c   3. b   4. a   5. a   6. a   7. c   8. b   9. a   10. b

Exercice 5
1. g   2. i   3. d   4. k   5. l   6. o   7. b   8. a   9. m   10. n   11. c   12. f
13. h   14. j   15. e

Exercice 6
1. la politique fiscale   2. la prévision de ventes   3. le gestionnaire   4. le but
5. l'offre et la demande   6. à court terme   7. la documentation à l'appui
8. les données recueillies   9. le coût de production   10. l'équipement

Chapitre 7: Les états financiers

Exercice 2
1. format   2. situation   3. inventaire   4. circulation   5. obligation

Exercice 3
1. net   2. analyser   3. le revenu   4. réinvestir   5. accru   6. la dette
7. l'inventaire   8. évaluer   9. distribuer   10. le dividende

Exercice 4
Bilan
Actif
Espèces
Valeurs négociables
Effets à recevoir
Stock
   Total: Actif réalisable
Installation et équipement, brut
Moins: Amortissement
Installation et équipement, net
   Total: Actif

Passif
Effets à payer
Bons à payer
Passif accru
Impôts à payer
   Total: Passif exigible
Hypothèque
Dettes à long terme
Capital propre
Bénéfices non distribués
   Total: Capital
   Total: Passif

Exercice 5

ETAT DE RESULTAT

Ventes
Coût de marchandises vendues
Bénéfice brut
Frais d'exploitation
   Frais de ventes
   Frais généraux et de gestion
   Loyer
Revenu d'exploitation brut
Amortissement
Revenu d'exploitation net
Autre revenu et frais moins intérêts
Moins: frais d'intérêts
   Intérêt sur obligations
   Intérêt sur hypothèque
   Intérêt sur dette à court terme
Revenu net avant impôt
Impôt
Revenu net après impôt
Bénéfice par action

Exercice 6

1. f 2. i 3. b 4. n 5. q 6. a 7. j 8. r 9. c 10. h 11. o 12. d
13. g 14. e 15. k 16. m 17. l 18. p 19. s

Exercice 7

1. le revenu net 2. l'exercice 3. l'actif réalisable 4. la liquidité
5. les effets à payer 6. les effets à recevoir 7. les frais d'exploitation
8. la rentabilité

CHAPITRE 8: Planification et contrôle

Exercice 2

1. le matériel 2. la projection 3. le budget 4. l'installation 5. le personnel
6. le salaire 7. variable 8. l'unité 9. la commission

Exercice 3

1. d 2. f 3. h 4. a 5. j 6. b 7. e 8. n 9. c 10. i 11. l 12. g
13. m 14. k

Exercice 4

1. la rentabilité 2. le bénéfice net 3. les impôts sur les biens immobiliers
4. le compte de résultat 5. les recettes 6. le point d'équilibre 7. le ratio
8. le service des ventes 9. le loyer 10. facturer 11. le budget 12. l'entretien

CHAPITRE 9: Fusions et faillite

Exercice 2

1. c 2. e 3. d 4. f 5. b 6. a

Exercice 3
1. générer   2. hostile   3. amicale   4. réduction, production   5. administration

Exercice 4
1. la réorganisation   2. la liquidation   3. la restructuration   4. l'acquisition
5. le profit   6. la réduction   7. la production   8. le développement
9. la concentration   10. le financement

Exercice 5
1. e   2. d   3. h   4. a   5. j   6. b   7. g   8. f   9. c   10. i

Exercice 6
1. baisse   2. faillite   3. faillite, dépose   4. créanciers, faire face   5. fermeture
6. fusion

CHAPITRE 10: Finances internationales

Exercice 2
1. risque   2. international   3. multinationale   4. centrale   5. politiques   6. risque

Exercice 3
1. c   2. e   3. a   4. f   5. g   6. d   7. b

Exercice 4
1. e   2. c   3. a   4. d   5. b   6. h   7. f   8. g

Exercice 5
1. d   2. f   3. g   4. k   5. l   6. n   7. a   8. b   9. i   10. o   11. c   12. j
13. m   14. h   15. p   16. e

Exercice 6
1. devises   2. taux de change   3. échanges, marché   4. monnaie, monnaie
5. actifs immobilisés   6. usines, fabrique   7. emprunt   8. grosses sociétés
9. tarifs douaniers   10. maison mère, filiales   11. manque

LA COMPTABILITE

CHAPITRE 11: Qu'est-ce que la comptabilité?

Exercice 2
1. le langage (la terminologie)   2. le directeur   3. l'individu   4. inférieur
5. régional   6. la source   7. le département   8. le cash flow   9. l'employé
10. le client   11. calculer   12. l'équilibre   13. vérifier   14. la transaction

Exercice 3
1. c   2. e   3. a   4. g   5. i   6. d   7. b   8. l   9. k   10. j   11. f   12. h

Exercice 4
1. d   2. e   3. i   4. j   5. a   6. b   7. l   8. m   9. f   10. g   11. o   12. h
13. c   14. n   15. k

Exercice 5
1. c   2. c   3. a   4. b   5. c   6. a   7. b   8. a   9. b   10. c   11. c   12. b

Exercice 6
1. e   2. a   3. g   4. h   5. i   6. m   7. o   8. k   9. l   10. r   11. t   12. s
13. b   14. c   15. f   16. j   17. n   18. p   19. d   20. q

Exercice 7
1. a   2. f   3. e   4. h   5. d   6. b   7. c   8. g

Exercice 8
1. compagnie d'assurances   2. prévisions, pronostics   3. résultat   4. états financiers
5. états financiers (bilans, états de résultat)   6. vérification des comptes, expert-comptable
7. actionnaire   8. commerce de propriété individuelle   9. président-directeur général
10. conseil d'administration   11. dette

Exercice 9
1. c   2. e   3. g   4. l   5. m   6. p   7. q   8. r   9. f   10. t   11. s   12. d
13. h   14. i   15. a   16. b   17. j   18. n   19. k   20. o

Exercice 10
1. remplir   2. actionnaire, investisseur   3. inscrire   4. données, renseignements,
rapports   5. frais, coûts, frais, coûts   6. vérifier   7. comptes en banque
8. créancier, créancier   9. loue ses services   10. investissement

Exercice 11
1. l'investisseur   2. l'actionnaire   3. le coût   4. les frais   5. la dépense
6. le commerce   7. le but   8. la gestion   9. le gestionnaire   10. vérifier
11. fournir   12. remplir

CHAPITRE 12: Les comptes

Exercice 2
1. système   2. individuel   3. intitulé   4. número   5. transaction   6. disque
7. compte   8. capital   9. débit   10. situation   11. intervalle   12. débiter
13. créditer   14. personnel

Exercice 3
1. c   2. f   3. a   4. g   5. d   6. b   7. e

Exercice 4
1. le personnel   2. le capital   3. la précision   4. la charge   5. l'équipement
6. l'augmentation   7. la diminution   8. la transaction   9. l'intervalle   10. le disque

Exercice 5
1. d   2. g   3. a   4. e   5. f   6. c   7. i   8. j   9. n   10. k   11. p   12. o
13. l   14. m   15. h   16. b

Exercice 6
1. le grand-livre   2. retirer   3. le retrait   4. la perte   5. le journal   6. le bilan
7. un débit   8. un crédit   9. l'état financier   10. l'état de résultat

Exercice 7
1. c   2. d   3. f   4. h   5. i   6. k   7. a   8. n   9. m   10. e   11. g   12. j
13. b   14. l

Exercice 8
1. un actif   2. un passif   3. un actif   4. un passif   5. un passif   6. un actif
7. un passif

Exercice 9
1. un actif réalisable   2. un actif immobilisé   3. un actif immobilisé
4. un actif réalisable   5. un actif réalisable   6. un actif réalisable
7. un actif immobilisé

Exercice 10
1. ordre, passif, actif   2. long terme   3. actif réalisable, actif immobilisé
4. factures   5. hypothèque   6. long terme

CHAPITRE 13: La balance de vérification

Exercice 2
1. initiale   2. totale   3. cycle   4. série   5. périodique   6. totale   7. égal
8. transfert

Exercice 3
1. h   2. d   3. f   4. g   5. c   6. b   7. a   8. e

Exercice 4
1. c   2. d   3. a   4. f   5. g   6. b   7. j   8. i   9. h   10. e

Exercice 5
1. le montant   2. le capital propre   3. l'étape   4. le solde
5. la balance de vérification   6. le bilan   7. s'équilibrer   8. les données

Exercice 6
1. soldes (montants)   2. la balance de vérification   3. étapes   4. données
5. équilibrer

CHAPITRE 14: La balance carrée

Exercice 2
1. vérifier   2. la somme   3. la paire   4. l'erreur   5. permanent   6. la rectification
7. l'ajustement   8. marquer   9. la colonne   10. déduire   11. inférieur
12. supérieur   13. la différence

Exercice 3
1. nom   2. totale   3. période   4. préliminaire   5. possibilité

Exercice 4
1. c   2. i   3. e   4. j   5. h   6. d   7. g   8. a   9. b   10. f

Exercice 5
1. a   2. c   3. c   4. a   5. b   6. b   7. c   8. b   9. b   10. c

CHAPITRE 15: Les états financiers

Exercice 2
1. initial   2. terminer   3. ajuster   4. le cycle   5. correspondre   6. final
7. figurer   8. l'aide

Exercice 3
1. d   2. e   3. h   4. i   5. g   6. a   7. c   8. k   9. l   10. f   11. m   12. j
13. b

Exercice 4
1. mensuel   2. trimestriel   3. souligner   4. le compte de capital
5. le compte de résultat   6. le redressement   7. la clôture   8. le compte clos
9. le solde de clôture   10. l'état provisoire

CHAPITRE 16: Le calcul des ventes

Exercice 2
1. b   2. d   3. h   4. f   5. g   6. c   7. a   8. e   9. j   10. i

Exercice 3
1. h   2. f   3. d   4. a   5. b   6. g   7. i   8. c   9. e   10. j

Exercice 4
1. d   2. f   3. g   4. j   5. k   6. a   7. b   8. n   9. q   10. o   11. h   12. s
13. r   14. c   15. u   16. i   17. t   18. l   19. e   20. p   21. m

Exercice 5
1. commerciale   2. grossiste   3. détaillant   4. grossiste, détaillant
5. coût d'achat des marchandises vendues   6. d'exploitation   7. la marge brute
8. reprises   9. stock   10. exercice   11. en liquide   12. encourir   13. promouvoir
14. recettes (ventes)   15. quotidien   16. prime   17. escompte   18. biens, services

CHAPITRE 17: Le système de contrôle comptable

Exercice 2
1. contrôle   2. système, interne   3. permanent   4. procédure   5. débiter

Exercice 3
1. évaluer   2. général   3. débiter   4. le type   5. l'information   6. les ressources
7. permanent   8. protéger

Exercice 4
1. e   2. g   3. i   4. a   5. h   6. l   7. o   8. p   9. q   10. r   11. b   12. c
13. j   14. k   15. d   16. m   17. n   18. f   19. t   20. s

Exercice 5
1. b   2. c   3. c   4. c   5. b   6. c

Exercice 6
1. le journal de ventes   2. le journal de recettes de caisse   3. le journal d'achats
4. le journal de paiements en espèces   5. le journal de paiements en espèces
6. le journal général

CHAPITRE 18: Le contrôle de l'argent liquide

Exercice 2
1. dépôt   2. chèque   3. client   4. triple exemplaire   5. contrôle
6. correspondance

Exercice 3
1. une période   2. le paiement   3. l'erreur   4. une transaction   5. une banque
6. la somme   7. la copie   8. l'autorisation

Exercice 4
1. e   2. g   3. h   4. k   5. l   6. m   7. f   8. p   9. b   10. i   11. a   12. q
13. r   14. c   15. n   16. o   17. d   18. j

Exercice 5
1. l'argent de papier   2. la pièce de monnaie   3. voler   4. le montant
5. le titre (l'obligation)   6. une bande magnétique   7. le mandat postal
8. le coffre-fort   9. un timbre-poste   10. la caisse enregistreuse   11. le billet à ordre
12. circulant   13. verser   14. retirer   15. une vente au comptant   16. informatisé

Exercice 6
1. f   2. h   3. d   4. k   5. l   6. m   7. p   8. q   9. r   10. s   11. a   12. b
13. i   14. t   15. u   16. v   17. g   18. j   19. n   20. o   21. e   22. c

Exercice 7
1. compte courant   2. chéquier   3. relevé de compte   4. solde   5. reçu par écrit
6. commande   7. facture   8. alimenter   9. réduction   10. classée
11. mettre en place   12. rapprochement   13. décaissements

CHAPITRE 19: Amortissement des immobilisations

Exercice 2
1. e   2. d   3. i   4. f   5. g   6. j   7. h   8. b   9. a   10. c   11. k

Exercice 3
1. maximum   2. procédé   3. avance   4. initial

Exercice 4
1. le gain   2. le résultat   3. l'acquisition   4. décliner   5. la catégorie
6. l'équipement

Exercice 5
1. c   2. d   3. g   4. j   5. k   6. a   7. b   8. n   9. m   10. l   11. h   12. f
13. e   14. o   15. i

Exercice 6
1. les biens immobiliers   2. les immobilisations (l'actif fixe, l'actif immobilier)
3. le prix d'achat   4. le coût initial   5. les frais payés à l'avance   6. l'actif réalisable
7. le brevet   8. la marque de fabrique   9. les effets à recevoir   10. l'action
11. le prix de vente   12. les fournitures de bureau

Exercice 7
1. d   2. f   3. h   4. j   5. m   6. n   7. g   8. o   9. k   10. i   11. b   12. a
13. e   14. l   15. c

Exercice 8
1. a   2. b   3. b   4. b   5. b   6. b   7. b   8. b   9. b

CHAPITRE 20: Comptabilité des sociétés collectives

Exercice 2

1. j 2. m 3. l 4. f 5. d 6. h 7. i 8. n 9. b 10. o 11. a 12. k
13. c 14. e 15. g

Exercice 3

1. activités 2. commerciale 3. expertise 4. dette 5. transfert 6. salaires
7. capital 8. joindre 9. également 10. net

Exercice 4

1. c 2. e 3. g 4. i 5. j 6. l 7. f 8. a 9. b 10. k 11. d 12. h
13. m 14. n

Exercice 5

1. associés 2. société collective, associés 3. droits 4. retirer 5. partager
6. valeur marchande 7. actuelle 8. provient 9. retenir 10. dissolution
11. déroulement 12. partagent

Exercice 6

1. c 2. e 3. g 4. h 5. a 6. i 7. b 8. j 9. d 10. f

Exercice 7

1. A mi-temps 2. A plein temps 3. L'état de résultat 4. Le compte de retraits
5. Le compte de capital 6. une société anonyme

CHAPITRE 21: Les actions

Exercice 2

1. b 2. e 3. a 4. d 5. f 6. c

Exercice 3

1. la somme 2. arbitraire 3. la source 4. le risque 5. le capital 6. le type
7. l'investisseur 8. distribuer

Exercice 4

1. g 2. i 3. j 4. n 5. q 6. d 7. a 8. p 9. o 10. m 11. s 12. b
13. c 14. k 15. f 16. t 17. e 18. l 19. r 20. h

Exercice 5

1. société anonyme 2. émet 3. administration, actionnaires 4. titre
5. actionnaires 6. émission 7. marchande 8. au pair 9. privilégiées
10. Le bénéfice par action 11. Le capital propre 12. Les bénéfices non distribués
13. action 14. réunion des actionnaires, réunion, conseil d'administration
15. exigences des créanciers

CHAPITRE 22: Le flux monétaire

Exercice 2

1. période 2. distribuer 3. financement 4. net 5. revenu 6. activités
7. concilier

Exercice 3
1. le financement   2. le capital   3. la variation   4. l'employé   5. l'acquisition
6. la disposition   7. la dette   8. la propriété   9. la catégorie   10. le paiement
11. l'analyse   12. la distribution

Exercice 4
1. h   2. g   3. f   4. e   5. d   6. c   7. b   8. a

Exercice 5
1. a   2. e   3. f   4. i   5. j   6. l   7. n   8. m   9. b   10. g   11. d   12. c
13. o   14. h   15. k

Exercice 6
1. une recette   2. une recette   3. une dépense   4. une dépense   5. une dépense

Exercice 7
1. le décaissement   2. l'encaissement   3. l'état du flux monétaire   4. l'emprunt

Exercice 8
1. le créancier   2. le fournisseur   3. concilier   4. l'emprunt   5. le flux monétaire
6. l'exploitation

Chapitre 23: Analyse et ratios

Exercice 2
1. stabilité   2. indépendante   3. vérification de comptes   4. comparatif
5. financières   6. colonnes   7. analyse   8. base

Exercice 3
1. détaillée, données   2. parallèles   3. récentes, comparatif   4. colonnes

Exercice 4
1. b   2. c   3. f   4. h   5. d   6. i   7. g   8. a   9. e

Exercice 5
1. la vérification des comptes   2. l'expert-comptable   3. l'état financier comparatif
4. le rapport   5. le ratio de rentabilité du capital   6. le rendement d'un investissement
7. l'écriture

Chapitre 24: La comptabilité de gestion

Exercice 2
1. e   2. g   3. i   4. b   5. j   6. d   7. c   8. f   9. h   10. a

Exercice 3
1. monétaires   2. information   3. nécessaire   4. interne   5. résultat

Exercice 4
1. f   2. g   3. i   4. a   5. e   6. k   7. c   8. n   9. d   10. r   11. h   12. b
13. j   14. l   15. q   16. o   17. p   18. m

Exercice 5
1. les frais de fabrication   2. les frais de la main-d'œuvre   3. les matériaux directs
4. les frais généraux   5. la commercialisation   6. la comptabilité de gestion
7. l'inventaire des matériaux   8. l'inventaire des produits finis
9. la comptabilité prix de revient   10. la planification et le contrôle

CHAPITRE 25: Le budget

Exercice 2
1. économique   2. expression   3. demande   4. production   5. unités   6. revenus

Exercice 3
1. la production   2. opérationnel   3. la coordination   4. l'avantage   5. le budget
6. combiner   7. la projection   8. la demande   9. la communication
10. la planification

Exercice 4
1. a   2. e   3. g   4. d   5. b   6. i   7. c   8. f   9. h   10. j   11. k   12. l

Exercice 5
1. le budget   2. le budget de trésorerie   3. les revenus prévus
4. le bilan comptabilisé   5. le budget d'exploitation   6. les frais d'exploitation
7. le budget des frais de capital

Exercice 6
1. d   2. f   3. h   4. c   5. a   6. e   7. b   8. g   9. j   10. i

Exercice 7
1. le pronostic de ventes   2. la demande pour le produit   3. le rendement
4. le plan de production   5. les coûts de fabrication   6. la concurrence
7. le taux d'intérêt

CHAPITRE 26: Le commerce international

Exercice 2
1. paiement   2. dollar   3. multinationale (internationale)   4. fluctuations
5. convertir

Exercice 3
1. b   2. d   3. a   4. c   5. f   6. e

Exercice 4
1. d   2. f   3. h   4. a   5. b   6. j   7. k   8. c   9. m   10. e   11. l   12. g
13. i   14. n

Exercice 5
1. devises   2. étranger   3. filiales   4. taux   5. augmente, baisse
6. monnaie nationale, la monnaie nationale   7. perte   8. taux de change
9. exercice   10. facturées   11. achat

FRENCH-ENGLISH VOCABULARY

A

à côté de beside
à court terme short-term
à crédit on credit
à domicile (at) home
à l'avance in advance
à long terme long term
à mesure que as
à mi-temps part-time
à plein temps full-time
aboutir to end, to result in
l'accord *m* agreement
accorder to grant
accru accrued
accumuler to accumulate
l'achat *m* purchase
acheter to buy
l'acheteur *m* buyer
acquérir to take over, acquire
l'acquisition *f* takeover, acquisition
l'acquittement *m* payment of debt
s'acquitter de ses dettes to pay off debts
l'actif *m* asset
l'actif circulant *m* current asset
l'actif corporel *m* tangible asset
l'actif immobilier *m* fixed asset
l'actif immobilisé *m* fixed asset
l'actif incorporel *m* intangible asset
l'actif réalisable *m* current asset
l'action *f* stock, share
l'action ordinaire *f* common stock
l'action privilégiée *f* preferred stock
l'actionnaire *m* or *f* stockholder, shareholder
l'activité *f* activity
actuel present
adapter to adapt
adhérer to join
l'administration *f* management, administration
l'agent de change *m* exchange broker

l'agent de maîtrise *m* foreman, supervisor
s'agir de to be a question of
l'aide *f* help
l'ajustement *m* adjustment
ajuster to adjust
alimenter to replenish
l'allocation *f* allocation, allotment, allowance
allouer to allocate, allot
améliorer to improve
amical friendly
amorti amortized
amortir to amortize
s'amortir to be amortized
l'amortissement *m* amortization, depreciation
l'amortissement accumulé *m* accumulated depreciation
l'analyse *f* analysis
l'analyse des tendances *f* trend analysis
analyser to analyze
l'année *f* year
annuel annual
l'annuité *f* annuity, annual payment (installment)
annuler to annul, cancel
s'annuler to cancel each other out
l'anticipation *f* anticipation
anticipé anticipated
anticiper to anticipate
s'apercevoir de to notice
apparaître to appear
appartenir to belong
s'appeler to be called
apporter to bring
approprié appropriate
approuver to approve
l'argent *m* money
l'argent liquide *m* cash
l'argent de papier *m* paper money

l'armée *f*   army
arriver   to arrive, happen, occur
l'art *m*   art
artistique   artistic
l'aspect *m*   aspect
l'assignation *f*   transfer, assignment
l'assistance *f*   assistance
l'associé *m*   associate, partner
l'associé général *m*   general partner
l'associé limité *m*   limited partner
l'assurance *f*   insurance
l'assurance incendie *f*   fire insurance
l'assurance vie *f*   life insurance
l'assurance vol *f*   theft insurance
l'assuré *m*   insured
assurer   to assure, insure
atteindre un objectif   to meet an
   objective
s'attendre à   to expect
attirer   to attract
attribuer   to assign
au-dessus   above
au détail   retail
l'augmentation *f*   increase
augmenter   to augment, increase, go up
automatique   automatic
l'autofinancement *m*   pouring back of
   profits
l'avance *f*   advance
l'avantage *m*   advantage
avantageux   advantageous
l'avenir *m*   future
l'avocat *m*   lawyer
l'avoir *m*   credit
avoir à répondre   to be responsible
avoir à voir avec   to have to do with
avoir besoin de   to need
avoir lieu   to take place

B

la baisse   fall, lowering
la baisse d'impôts   lowering of taxes
baisser   to lower, go down
la balance   balance
la balance carrée   work sheet
la balance de vérification   trial balance
bancaire   bank
la bande magnétique   tape, magnetic
   strip

la banque   bank
la banque commerciale   commercial
   bank
la banque de dépôt   Federal Reserve
   bank
le bas   bottom, low
la base   base
se baser   to base
le bâtiment   building
le bénéfice   profit
le bénéfice brut   gross margin
le bénéfice net   net profit
les bénéfices non distribués *m pl*
   retained earnings
les bénéfices par action *m pl*   earnings
   per share
bénéficier   to benefit
bénéfique   beneficial
les biens *m pl*   goods, merchandise
les biens et services *m*   goods and
   services
les biens immobiliers *m pl*   real estate
le bilan   balance sheet
le bilan comptabilisé   budgeted balance
   sheet
le billet à order   promissory note
le billet de banque   bank note
le bon   bond, coupon
le bon du gouvernement   government
   bond
le bon du Trésor   Treasury bond, T-bond
la bonne volonté   goodwill
le bordereau de caisse   cash voucher
la Bourse   stock exchange
la Bourse des valeurs   stock exchange
la branche   branch
le brevet   patent
brut   gross
le budget   budget
le budget de trésorerie   cash budget
le budget des frais de capital   capital
   expenditure budget
le budget détaillé   itemized budget
le budget d'exploitation   operating
   budget
le budget général   master budget
budgétaire   budget, budgetary
le bureau   office
le but   goal

C

le cadeau   gift
la caisse   cash box, cash drawer, cashier's office
la caisse d'emprunt   loan company
la caisse d'emprunt-épargne   savings and loan association
la caisse d'épargne   savings bank
la caisse de retraite   pension fund
la caisse enregistreuse   cash register
le caissier   cashier
le calcul   calculation
calculer   to calculate
le capital   capital
le capital propre   stockholders' equity, owners' equity
le cas   case
le cash flow   cash flow
la catégorie   category
céder   to give up
la centaine   hundred
le certificat de dépôt   certificate of deposit
le changement   change
la charge   charge, expense
chargé   in charge of
la charité   charity
le chef   chief, head
le chef de service   department head
le chèque   check
le chèque numéroté   numbered check
le chéquier   checkbook
le chiffre   digit, figure
chronologique   chronological
chronologiquement   chronologically
circulant   in circulation
la circulation   circulation
citer   to cite
le classement   filing
classer   to file, classify
classifier   to classify
le client   client
clos   closed
la clôture   closing, close
le coefficient de capitalisation des résultats   price-per-share earnings
le coffre-fort   safe
la colonne   column

le comité   committee
la commande   order
le commencement   beginning
commencer   to begin
le commerçant   business person
le commerce   business, trade
le commerce de propriété individuelle   privately owned business
commercial   commercial
la commercialisation   marketing
la commission   commission
commun   common
communiquer   to communicate
la compagnie aérienne   airline
la compagnie d'assurances   insurance company
la comparaison   comparison
la compensation de frais et recettes   matching costs and revenue
compenser   to compensate
la compétitivité   competitiveness
compléter   to complete
compliqué   complicated
comprendre   to include, understand
comptabilisé   budgeted
la comptabilité   accounting
la comptabilité de gestion   managerial accounting, management accounting
la comptabilité en double partie   double-entry bookkeeping
la comptabilité financière   financial accounting
la comptabilité prix de revient   cost accounting
le comptable   accountant
comptant   in cash
le compte   account
le compte à vue   day-to-day account, demand account
le compte clos   closed account
le compte courant   checking account, current account
le compte de capital   capital account
le compte de résultat   income account
le compte de retrait   draw(ing) account
le compte d'épargne   savings account
le compte d'espèces   cash account
le compte en banque   bank account

le compte individuel de retraite individual retirement account

la concentration concentration

concerné concerned

concerner to concern

concilier to reconcile

conclure to conclude, reach

la conclusion conclusion

concorder to agree

la concurrence competition

confier to entrust

la confirmation confirmation

conforme conforming

le conglomérat conglomerate

connaître to know

consacrer to devote

le conseil d'administration board of directors

considérer to consider

consommer to use up, consume

constituer to constitute

contenir to contain

le contraire opposite

le contrat contract

le contremaître foreman, supervisor

le contribuable taxpayer, contributor

contribuer to contribute

la contribution d'impôts tax payment

le contrôle control

contrôler to control

le contrôleur controller, comptroller

convertir to convert

la coopérative de crédit credit union

la coordination coordination

coordonner to coordinate

la copie copy

corporel tangible

correct correct, accurate

la correspondance correspondance, mail

correspondre to correspond

corriger to correct

le côté side

courant common, ordinary, current

courir un risque to run (take) a risk

le cours quotation, price

le courtier broker, stockbroker

le coût cost

le coût d'achat des marchandises purchase cost

le coût de biens vendus cost of goods sold

le coût de capital capital cost

le coût de ventes cost of sales

le coût initial initial cost

les coûts de fabrication *m pl* manufacturing costs

couvrir to cover

le crayon pencil

le créancier creditor

la création creation

le crédit credit

créditer to credit

créer to create

la crise crisis

le critère criterion

la croissance growth

le cycle cycle

le cycle commercial business cycle

le cycle comptable accounting cycle

D

le danger danger

la date date

la date d'échéance due date, maturity date

d'avance in advance

de base base

le débit debit

débiter to debit

le débiteur debtor

le décaissement cash disbursement, paying out of cash

le décès death

décider to decide

la décision decision

la déclaration d'impôts tax return

le déclin decline

décliner to decline

découler to follow, spring from

décrire to describe

la déduction deduction

les déductions détaillées *f pl* itemized deductions

déduire to deduce, deduct

la défense nationale national defense

définir to define

définitif definitive, final

le degré degree

le délai delay
la demande demand
la demande pour le produit product demand
le départ beginning
le département department
dépendre to depend
la dépense expense, expenditure
dépenser to spend
déposer son bilan to file for bankruptcy
le dépôt deposit
le dépôt à vue demand deposit
dépréciable depreciable
le déroulement running, functioning
le désavantage disadvantage
la description description
destiné allotted, used for
le détail detail, retail
le détaillant retailer
détaillé detailed, itemized
détenir to hold
déterminé determined
déterminer to determine
la dette debt
la déviation deviation, change
la devise foreign currency
devoir to owe
dicter to dictate
la différence difference
diminuer to decrease, lessen
la diminution decrease
direct direct
le directeur director, manager
la direction management
diriger to steer, direct
la disponibilité availability
disponible available
la disposition disposal
le disque disk
la dissémination dissemination
la dissolution dissolution
dissoudre to dissolve, break up
distinguer to distinguish
divers various
le dividende dividend
diviser to divide
la documentation à l'appui supporting documents

le doit debit
le dollar dollar
le domaine domain, field, area
le domicile home
le dommage damage
les données *f pl* data
donner to give
la dotation aux amortissements depreciation allocation
droit right
le droit right, law
la durée duration
la durée de vie life span

E

échanger to exchange
l'échéance *f* maturity
les économies *f pl* savings
économique economic
économiser to save
l'économiste *m* or *f* economist
s'écouler to pass, elapse
l'écriture *f* entry, notation
effacer to erase
effectuer to effect, carry out, make
s'effectuer to be carried out, to be made
l'effet *m* effect
les effets *m pl* securities, effects, instruments
les effets à payer *m pl* accounts payable
les effets à recevoir *m pl* accounts receivable
les effets de commerce *m pl* commercial instruments, bills
les effets exigibles *m pl* accounts payable
l'efficacité *f* efficiency
l'efficacité gestionnaire *f* managerial efficiency
égal equal
également also, likewise
l'élection *f* election
l'électricité *f* electricity
l'élément *m* element
élire to elect
élu elected
émettre to issue
l'émission *f* issue, issuance
empêcher to prevent
l'emploi *m* use

l'employé *m*   employee
employer   to use
l'emprunt *m*   loan
emprunter   to borrow
en bas   at the bottom
en commun   in common
en dépit de   despite
en dépôt   on deposit
en espèces   in cash
en gros   wholesale
en liquide   by cash, in cash
en triple (exemplaire)   in triplicate
l'encaissement *m*   cash entry, cash receipt
encaisser   to cash (check), collect (money)
encourir   to incur
encouru   incurred
énorme   enormous
l'enregistrement *m*   entry, recording
enregistrer   to enter, register
ensemble   together
l'entité *f*   entity
entraîner   to train, cause, bring about
l'entreprise *f*   business, company, firm
l'entretien *m*   upkeep, maintenance
l'enveloppe *f*   envelope
l'environnement *m*   environment
envoyer   to send
l'équilibre *m*   equilibrium, balance
équilibré   balanced
équilibrer   to balance
l'équipement *m*   equipment
l'erreur *f*   error
l'escompte *m*   discount
l'espace de temps *m*   space of time
les espèces *f pl*   cash
estimer   to consider, reckon
établir   to establish, set up
l'établissement *m*   establishment
l'établissement de soins médicaux *m*   health facility
l'étape *f*   stage, step
l'état *m*   state
l'état de résultat *m*   profit and loss statement
l'état de résultat comptabilisé *m*   budgeted income statement
l'état des bénéfices non distribués *m*   retained earnings statement

l'état du compte de capital *m*   capital account statement
l'état financier *m*   financial statement
l'état provisoire *m*   interim statement
étranger   foreign
étroitement   closely
l'étude *f*   study
étudier   to study
l'évaluation *f*   evaluation, appraisal
évaluer   to evaluate, appraise
éventuel   possible, potential
évident   evident
éviter   to avoid
l'exactitude *f*   accuracy
l'examen *m*   examination
l'excédent *m*   excess, surplus
excéder   to exceed
exempté   exempt
l'exemption *f*   exemption
l'exercice *m*   fiscal period, accounting period
l'exigence *f*   requirement
les exigences des créanciers *f pl*   creditors' claims
exiger   to require
l'expert-comptable (public) *m*   certified public accountant, CPA
l'explication *f*   explanation
l'exploitation *f*   operation, operating activities, running
l'expression *f*   expression
externe   external

F

le fabricant   manufacturer
la fabrication *f*   production, manufacturing
facile   easy
la facilité   facility, ease
faciliter   to facilitate
la facture   invoice, bill
facturer   to bill
la faillite   bankruptcy
faire face à   to confront, face
la faute   fault, mistake
fédéral   federal
fermer   to close
la fermeture   closing
la feuille (de papier)   sheet (of paper)

la **fiabilité**   reliability
fictif   fictitious
se **fier à**   to trust
figurer   to appear, figure
la **filiale**   subsidiary
la **fin**   end
final   final
la **finance**   finance
le **financement**   finance, financing
financer   to finance
fixe   fixed
la **flexibilité**   flexibility
le **flot**   flow
la **fluctuation**   fluctuation
le **flux financier**   cash flow
le **flux monétaire**   cash flow
la **fonction**   function
le **fonctionnement**   running, functioning
le **fond**   bottom
la **fondation**   foundation
les **fonds** *m pl*   funds, funding
la **formalité**   formality
le **format**   format
le **formulaire**   form
la **formule**   formula
fournir   to furnish, supply
le **fournisseur**   supplier
la **fourniture**   supplies
les **fournitures de bureau** *f pl*   office
  supplies
le **frais**   charge, expense
les **frais administratifs** *m pl*
  administrative costs
les **frais anticipés** *m pl*   anticipated
  expenses
les **frais d'administration** *m pl*   operating
  expenses
les **frais d'exploitation** *m pl*   operating
  expenses
les **frais de banque** *m pl*   service charges
  (banking)
les **frais de déplacement** *m pl*   relocation
  expenses
les **frais de fabrication** *m pl*   production
  costs
les **frais de la main-d'œuvre** *m pl*   direct
  labor costs
les **frais de produit** *m pl*   manufacturing
  costs

les **frais de produits vendus** *m pl*   cost of
  goods sold
les **frais de ventes** *m pl*   cost of sales
les **frais généraux** *m pl*   overhead
les **frais payés à l'avance** *m pl*   prepaid
  expenses
les **frais périodiques** *m pl*   periodic costs
le **franc français**   French franc
la **franchise**   deductible (amount),
  exemption
la **fraude**   fraud
le **fret**   freight
la **fusion**   merger
fusionner   to merge

G

gagner   to earn
le **gain**   gain, profit
les **gains et pertes de change réalisés** *m pl*
  realized exchange gains and losses
garder   to keep
garder en sécurité   to keep safe
garder en tête   to keep in mind
la **gauche**   left
général   general
générer   to generate
le **genre**   type, kind
gérer   to manage, direct
la **gestion**   management
le **gestionnaire**   manager
le **goût**   taste
le **gouvernement**   government
grâce à   thanks to
le **grand-livre**   general ledger
le **grand-livre auxiliaire** *m*   subsidiary
  ledger
gros   large
le **grossiste**   wholesaler
le **groupe**   group
guider   to guide

H

la **hausse de prix**   price increase
le **haut**   high
hériter   to inherit
le **holding**   holding company
hors marché   over the counter
hostile   hostile
l'**hypothèque** *f*   mortgage

I

identifier to identify
immédiatement immediately
l'immobilisation *f* fixed asset
important important
imposable taxable
l'imposition *f* taxation
imposer to tax
l'impôt *m* tax
l'impôt sur les ventes *m* sales tax
les impôts fédéraux *m pl* federal taxes
les impôts sur les biens immobiliers *m pl* property taxes, real estate taxes
les impôts sur les revenus personnels *m pl* personal income taxes
les impôts sur les sociétés *m pl* corporate taxes
l'incendie *m* fire
inclure to include
incontrôlable uncontrollable
incorporer to incorporate
incorrect incorrect, inaccurate
l'indemnité *f* indemnity, compensation
indépendant independent
indiquer to indicate
indirect indirect
l'individu *m* individual
individuel individual
industriel industrial
inférieur inferior, smaller
l'influence *f* influence
influencer to influence
l'information *f* information
informatisé computerized
informatiser to computerize
initial initial
l'inscription *f* entry
inscrire to enter
l'installation *f* plant
installer to install
l'intensité *f* intensity
intéresser to interest
s'intéresser to be interested
l'intérêt *m* interest
l'intérêt composé *m* compound interest
l'intérieur *m* interior
l'intermédiaire *m* middleman
international international
interne internal

interrompre to interrupt
l'interruption *f* interruption
l'intervalle *m* interval
l'intitulé *m* title
l'inventaire *m* inventory
l'inventaire des matériaux *m* materials inventory
l'inventaire des produits finis *m* finished goods inventory
l'inventaire du travail en cours *m* work-in-process inventory
l'inventaire périodique *m* periodic inventory
l'inventaire permanent *m* perpetual inventory
l'invention *f* invention
l'investigation *f* investigation
investir to invest
l'investissement *m* investment
l'investissement original *m* original (initial) investment
l'investisseur *m* investor

J

joindre to join
le jour day
le journal journal
le journal de paiements en espèces cash disbursements journal
le journal de recettes de caisse cash receipts journal
le journal de recettes en espèces cash receipts journal
le journal des achats purchases journal
le journal des ventes sales journal
le journal général general journal
juger to judge
juridique legal

L

lancer to throw
le langage language
légal legal
la lettre letter
le levier leverage
lié tied
le lieu de provenance place of origin
la ligne aérienne airline
la limite limit

limité limited
les limites de la légalité *f pl*   the limits of the law
la liquidation liquidation
le liquide cash
liquider to liquidate
la liquidité liquidity
la liste list
la livre sterling pound sterling
la location rental
le logement lodging
la loi law
la longévité longevity
louer ses services to hire out one's services
le loyer rent

M

la machine machine
le machiniste machinist
le magasin store
la main-d'œuvre manpower
maintenir to maintain, keep
la maison house, concern
la maison mère parent company
la majorité majority
malhonnête dishonest
le mandat postal money order
la manière manner
manuel manual
la marchandise merchandise
la marche running, operation
le marché commercial commercial market
le marché de capitaux capital market, financial market
le marché des valeurs stock market
le marché monétaire money market
le marché primaire primary market
le marché secondaire secondary market
la marge brute (sur achat) gross margin
la marine marines
le marketing marketing
la marque mark, brand
la marque de fabrique trademark
marquer to mark
les matériaux *m pl* materials

le matériel equipment
les matières *f pl* contents
les matières premières *f pl* raw materials
le membre member
mensuel monthly
la mesure measure
mesurer to measure
la méthode method
mettre to put, place
mettre de côté to save, put aside
mettre en place to put in place
les meubles *m pl* furniture
le milliard billion
le millier thousand
le minimum minimum
minutieux minute
la modification modification, change
moins less
le monde world
le monde des affaires business world
le monde du commerce business world
la monnaie change, coins
la monnaie nationale national currency
le montant sum, total, amount
monter to go up
montrer to show
le mot word
le moyen means
le moyen de transport means of transport
la moyenne average
multinational multinational
multiplier to multiply
municipal municipal
la municipalité municipality
mutuel mutual
la mutuelle mutual insurance company

N

national national
néanmoins nonetheless
nécessaire necessary
nécessairement necessarily
négocier to negotiate
le niveau level
le niveau d'équilibre breakeven point
le nom name
le nombre number
nombreux numerous, several

la **non-rentabilité**   nonprofit
la **norme**   norm
nouveau   new
nucléaire   nuclear
le **numéro**   number
numéroté   numbered

O

l'**objectif** *m*   objective
l'**obligation** *f*   bond
obligé   obligated
obtenir   to obtain
s'**occuper de**   to attend to, see to
l'**offre et la demande** *m*   supply and
   demand
offrir   to offer
opérationnel   operational
opérer   to carry out, procede, operate
l'**ordinateur** *m*   computer
l'**ordre** *m*   order
oublier   to forget
l'**outil** *m*   tool
ouvert   open
l'**ouvrier** *m*   worker, laborer
ouvrir   to open

P

la **paie**   pay
le **paiement**   payment
le **paiement des impôts**   tax payment
la **paire**   pair
par correspondence   mail order
par crédit   on credit
par écrit   written
par procuration   by proxy
paraître   to appear, seem
parallèle   parallel
la **part**   part, share, portion
partager   to share
le **parti**   party
participer   to participate
la **partie**   part
se **passer**   to happen
passer une écriture   to post, make an
   entry, enter
le **passif**   liabilities
le **passif fixe**   long-term liability
le **passif exigible**   accounts payable
le **patron**   boss

le **pays**   country
pendant   during
la **pension de divorce**   alimony
percevoir   to collect, bring in
la **période budgétaire**   fiscal period
la **période comptable**   accounting period
la **période de remboursement**   payback
   period
périodique   periodic
permanent   permanent
permettre   to allow, permit
la **permission**   permission
la **personnalité juridique**   status as a
   legal entity
la **personne à charge**   dependent
la **personne juridique**   legal entity
le **personnel**   personnel
la **perte**   loss
la **perte nette**   net loss
la **petite caisse**   petty cash
la **petite monnaie**   small change
le **phenomène**   phenomenon
physique   physical
la **pièce**   coin; piece
le **placement**   investment
placer   to invest
le **plan de production**   production
   schedule
le **plan d'investissement**   capital budget
la **planification**   planning
la **planification et le contrôle**   planning
   and control
planifier   to plan
la **plupart**   majority
la **plus-value**   capital gain
le **point d'équilibre**   breakeven point
la **police**   policy (insurance)
la **politique**   policy
la **politique de la direction**   management
   policy
la **politique fiscale**   fiscal policy
le **porteur**   bearer, holder
la **portion**   portion
positif   positive
le **possesseur**   possessor
la **possibilité**   possibility, capability,
   feasibility
le **poste**   job, position
le **potentiel**   potential

le pourboire   tip
poursuivre   to sue, prosecute, take action
   against
pratiquement   practically
la précision *f*   precision
prélever   to withhold, deduct
préliminaire   preliminary
premier   first
prendre sa retraite   to retire
la préparation   preparation
présenter   to present
le président   president
le président-directeur général (PDG)
   chief executive officer (CEO)
le président du conseil d'administration
   chairman of the board
le prêt   loan
prêter   to lend
la preuve   proof
la prévision   forecast
la prévision des ventes   sales forecast
prévoir   to forecast
prévu   forecast, anticipated
la prime   commission, bonus, premium
primordial   prime, primary
le principe   principle
les principes de comptabilité *m pl*
   accounting principles
les principes de comptabilité
   généralement acceptés *m pl*
   generally accepted accounting
   principles (GAAP)
la prise de décisions   decision making
privé   private
le prix d'achat   purchase price
le prix de vente   sales price
le procédé   procedure
le procédé de clôture   closing procedure
la procédure   procedure
la procuration   proxy
la production des biens et services
   production of goods and services
produire   to produce
le produit   product
le professionnel   professional
le profit   profit
profiter   to profit
le programme de motivation   incentive
   program

le projet   project
projeté   projected, forecast
projeter   to forecast, plan on, project
promouvoir   to promote
le pronostic   forecast
pronostiquer   to forecast
la proportion   proportion
le propriétaire   owner, proprietor
la propriété   property
la prospérité   prosperity
protester   to protest
prouver   to prove
provenir de   to come from
provisoire   provisional, interim
le public   public
la publication   publication

Q

quantitatif   quantitative
la quantité   quantity
quelque chose   something
quitter   to leave
quotidien   daily

R

la raison   reason
raisonnable   reasonable
le rapport   report
rapporter   to return, report, relate, yield
   (profit)
le rapprochement   reconciliation
le ratio   ratio
le ratio établi (fixe)   fixed ratio
réaliser   to achieve, obtain, realize
récapituler   to recapitulate
récent   recent
la recette   receipt, income
les recettes de vente *f pl*   sales receipts
   (income)
les recettes et dépenses *f pl*   receipts and
   expenses
la réclamation   claim, demand
la recommandation   recommendation
le record   record
le recours   recourse
la rectification   adjustment, correction
le reçu par écrit   written receipt
recueillir   to gather
la récupération de coût   cost recovery

récupérer   to recuperate
le redressement   adjustment, correction
la réduction   discount
réduire   to reduce
la référence   reference
régional   regional
le registre   account book, register
le règlement   settlement
regrouper   to consolidate
la régularisation   regularization, equalization
régulier   regular
rejeter   to reject, turn down
le relevé   statement, bill
le relevé de compte   account statement
religieux   religious
remarquer   to notice
remettre   to hand over, deliver
remplacer   to replace
remplir   to fill out
la rémunération   remuneration
le rendement   return (on investment), output
le rendement d'un investissement   return on investment
rendre comptes   to render accounts
les renseignements *m pl*   information
renseigner   to inform
la rentabilité   profitability
la rentabilité du capital (des capitaux investis)   return on total assets
rentable   profitable
la rente   income
la réorganisation   reorganization
réorganiser   to reorganize
repartir   to spread
reporter   to bring forward, carry over, post
représenter   to represent
la reprise   return (of merchandise)
la requête   request, petition, suit
la responsabilité   responsibility
la ressource   resource
le restant   remainder
rester   to remain, stay
la restructuration   restructuring
le résultat   result
le résumé   summary
résumer   to summarize, sum up

retenir   to retain, keep, withhold
retirer   to withdraw
le retour   return (of merchandise)
la retraite   retirement
le retrait   withdrawal
la rétribution   remuneration, compensation
la réunion   meeting
réunir   to reunite, bring together, meet
la revendication   claim, demand
revendiquer   to claim
revendre   to resell
le revenu   revenue
le revenu brut   gross income
le revenu imposable   taxable income
le revenu net   net income
les revenus prévus *m pl*   budgeted income
les revenus projétés *m pl*   budgeted (projected) income
réviser   to revise, review
le risque   risk

S

sain   healthy
le salaire   salary, wages
le salarié   wage earner
satisfaire   to satisfy
sauter   to jump, hop
sauvegarder   to safeguard
savoir   to know
la science   science
le secteur   sector
le secteur de services   service sector
la Sécurité Sociale   Social Security
sélectionné   selected
selon   according to
la semaine   week
se séparer   to separate
la série   series
la série de services   stream of services
le service   department
le service des achats   purchasing department
le service des ventes   sales department
servir   to serve
se servir de   to use, make use of
le seuil de rentabilité   breakeven point
seul   only, sole
le sigle   abbreviation

simple simple
la situation situation
social social
la société company, corporation
la société à but non-lucratif nonprofit
 organization
la société anonyme corporation
la société collective partnership
la société collective générale general
 partnership
la société collective limitée limited
 partnership
la société de placement mutual fund
le soin care
le solde balance
le solde de clôture closing balance
le solde de vérification post-clôture
 post-closing trial balance
sollicité solicited
la somme sum
la sortie de caisse cash disbursement
souligné underlined
la source source
le sous-journal subjournal
soustraire to subtract
souvent often
spécial special
spécifique specific
le stade stage
la statistique statistic
stipuler to stipulate
le stock stock, inventory
la stratégie strategy
strict strict, bare minimum, essential
le subsidiaire subsidiary
la suite series
suivant following
supérieur superior, greater
supplémentaire supplemental, extra,
 additional
supprimer to take away, remove
surtout especially
susceptible de likely to
le syndicat union
le syndicat ouvrier trade union
la synergie synergy
le système system
le système bottom-up bottom-up
 system

le système comptable accounting system
le système top-down top-down system

T

le tableau table
le talent talent
le tarif douanier duty, excise tax
le taux de change exchange rate
le taux de coupon bearer bond interest
 rate
le taux de rentabilité interne internal
 rate of return
le taux de rentabilité moyen return on
 investment (ROI)
le taux d'imposition tax rate
le taux d'intérêt interest rate
le taux moyen de rentabilité return on
 investment (ROI)
le technicien technician
technique technical
temporaire temporary
la tendance trend, tendency
le teneur holder
le teneur de livres bookkeeper
tenir à la main to keep by hand
tenir compte de to take into account
la tenue des livres bookkeeping
le terme term
terminer to end
la terminologie terminology
le timbre-poste postage stamp
tirer to draw, get, derive
le titre bond, title
le titre de propriété certificate of
 ownership
le titre du gouvernement government
 bond
le titre municipal municipal bond
le titulaire bearer, holder
total total
la transaction la transaction
transcrire to transcribe
transférer to transfer
le transfert transfer
le travail work
le travail en cours work in process
le travail manuel manual labor
travailler to work
la trésorerie treasury

le trésorier treasurer

le tribunal court

le trimestre quarter

trimestriel quarterly

triple exemplaire in triplicate

se trouver to be found, be situated

le type type, kind

U

ultérieurement subsequently

l'union *f* union

s'unir to unite, merge

l'unité *f* unit

l'usine *f* factory

utile useful

l'utilisation *f* utilization, use

utiliser to use

V

valable valid

la valeur value

la valeur actuelle present value

la valeur au pair par value

la valeur corporelle tangible asset

la valeur de liquidation liquidation value

la valeur future future value

la valeur incorporelle intangible asset

la valeur marchande market value

la valeur matérielle tangible asset

la valeur nominale face value

la valeur présente nette present net value

la valeur temporaire time value

la valeur temporaire de l'argent time value of money

les valeurs immobilières *f pl* fixed assets

les valeurs mobilières *f pl* current assets

les valeurs négociables *f pl* negotiable instruments

les valeurs réalisables *f pl* current assets

la valorisation maximum maximum value

variable variable

la variation variation

varier to vary

le vendeur sales representative

vendre to sell

la vente sale

la vente au comptant cash sale

les ventes *f pl* sales

la vérification de comptes audit

vérifier to verify, check

véritable true

vers toward

le versement deposit

verser to deposit

le vice-président vice president

voler to steal

le vote vote

Y

le yen japonais Japanese yen

les yeux *m pl* eyes

ENGLISH-FRENCH VOCABULARY

A

account le compte
account statement le relevé de compte, l'état de compte
accountant le comptable
accounting la comptabilité
accounting cycle le cycle comptable
accounting period la période comptable, l'exercice *m*
accounting principles les principes de comptabilité *m pl*
accounts payable les effets à payer *m pl*, les effets exigibles *m pl*, le passif exigible
accounts receivable les effets à recevoir *m pl*
accrued accru
accrued expenses le passif accru
accumulate accumuler
accumulated depreciation l'amortissement accumulé *m*
accuracy l'exactitude *f*
accurate correct
acquisition l'acquisition *f*
activity l'activité *f*
add ajouter
adjust ajuster
adjustment l'ajustement *m*, la rectification
administrative costs les frais administratifs (d'administration) *m pl*
advance l'avance *f*
advantage l'avantage *m*
advantageous avantageux
affect affecter
agree concorder
agreement l'accord *m*
airline la ligne aérienne
alimony la pension de divorce
allocate allouer
allocation l'allocation *f*

allot allouer
allotment l'allocation *f*
allow permettre, allouer
allowance l'allocation *f*
amortization l'amortissement *m*
amortize amortir
amortized amorti
analysis l'analyse *f*
analyze analyser
annuity, annual payment l'annuité *f*
annul annuler
anticipate anticiper
anticipated expenses les frais anticipés *m pl*
anticipation l'anticipation *f*
appear apparaître
appraisal l'évaluation *f*
appropriate approprié
approve approuver
arbitrary arbitraire
area le domaine
army l'armée *f*
artistic artistique
aspect l'aspect *m*
assistance l'assistance *f*
associate l'associé *m*
assure assurer
at home à domicile
at the bottom en bas
audit la vérification de comptes
augment augmenter
automatic automatique
availability la disponibilité
available disponible
average la moyenne
avoid éviter

B

balance le solde, la balance
balance équilibrer
balance sheet le bilan

balanced équilibré
bank bancaire
bank la banque
bank account le compte en banque
bank note le billet de banque
bankruptcy la faillite
bare minimum strict
base la base
base se baser
base de base
bearer le titulaire, le porteur
begin commencer
beginning le commencement
belong appartenir, adhérer
beneficial bénéfique
benefit bénéficier
between entre
bill la facture
bill facturer
board of directors le conseil
  d'administration
bond le bon, l'obligation *f*, le titre
bonus la prime
bookkeeper le teneur de livres, le
  comptable
bookkeeping la tenue des livres
borrow emprunter
boss le patron
bottom le fond
bottom-up system le système bottom-up
branch la branche
brand la marque
breakeven point le niveau d'équilibre, le
  point d'équilibre, le seuil de rentabilité
bring apporter
bring in rapporter
broker le courtier
budget le budget
budgeted comptabilisé
budgeted balance sheet le bilan
  comptabilisé
budgeted income les revenus prévus *m pl*,
  les revenus projetés *m pl*
budgeted income statement l'état de
  résultat comptabilisé *m*
building le bâtiment
business le commerce
business cycle le cycle commercial

business world le monde des affaires, le
  monde du commerce
busy oneself with s'occuper de
buy acheter
buyer l'acheteur *m*
by cash en liquide, comptant
by proxy par procuration

C

calculate calculer
calculation le calcul
cancel annuler
capital le capital
capital account le compte de capital
capital account statement l'état du
  compte de capital
capital cost le coût de capital
capital expenditure budget le budget des
  frais de capital
capital gain la plus-value
capital market le marché des capitaux
carry along with entraîner
carry out effectuer
case le cas
cash l'argent liquide *m,* les espèces *f pl*
cash (check) encaisser, toucher
cash account le compte d'espèce
cash budget le budget général
cash (collection) l'encaissement *m*
cash disbursement le décaissement
cash disbursements journal le journal de
  paiements en espèces
cash entry l'encaissement *m*
cash-flow le cash flow, le flux financier,
  le flux monétaire
cash flow statement l'état du flux
  monétaire *m*
cash (paying out of) le décaissement
cash receipts journal le journal de
  recettes de caisse, le journal de recettes
  en espèces
cash register la caisse enregistreuse
cash sale la vente au comptant
cash voucher le bordereau de caisse
cashier le caissier
category la catégorie
certificate of deposit le certificat de
  dépôt

certificate of ownership le titre de propriété
certified public accountant, CPA l'expert-comptable (public) *m*
chairman of the board le président du conseil d'administration
change le changement, la monnaie
charge la charge, le frais
charity la charité
check le chèque
check vérifier
checkbook le chéquier
checking account le compte courant
chief executive officer (CEO) le président-directeur général
chronological chronologique
chronologically chronologiquement
circulation la circulation
cite citer
claim la réclamation, la revendication
claim réclamer, revendiquer
classify classifier
client le client
close fermer
closed clos
closed account le compte clos
closing la clôture; la fermeture
closing balance le solde de clôture
closing procedure le solde de vérification de clôture
coin la pièce
coins la monnaie
column la colonne
come from provenir de
commercial commercial
commercial bank la banque commerciale
commercial instruments les effets de commerce *m pl*
commission la commission, la prime
committee le comité
common stock l'action ordinaire *f*
communicate communiquer
company l'entreprise *f*, la société
comparison la comparaison
compensate compenser
competition la concurrence
competitiveness la compétitivité
complete compléter

complicated compliqué
compound interest l'intérêt composé *m*
comptroller le contrôleur
computer l'ordinateur *m*
computerize informatiser
computerized informatisé
concentration la concentration
concern l'entreprise *f*, la maison
concern concerner
concerned concerné
conclude conclure
conclusion la conclusion
confirmation la confirmation
conforming conforme
confront faire face à
conglomerate le conglomérat
consider considérer
consolidate regrouper
constitute constituer
contain contenir
contents les matières *f pl*, le contenu
contract le contrat
contribute contribuer
contributor le contribuable
control le contrôle
control contrôler
controller le contrôleur
convert convertir
coordinate coordonner
coordination la coordination
copy la copie
corporate taxes les impôts sur les sociétés *m pl*
corporation la société anonyme
correct corriger
correction la rectification
correspond correspondre
cost le coût
cost accounting la comptabilité prix de revient
cost of goods sold le frais de produits vendus, le coût de biens vendus
cost of sales le coût de ventes
cost recovery la récupération de coût
country le pays
court le tribunal
create créer
creation la création

credit   le crédit, l'avoir *m*
credit   créditer
credit union   la coopérative de crédit
creditor   le créancier
creditors' claims   les exigences des créanciers *f pl*
crisis   la crise
criterion   le critère
current asset   les valeurs immobilières *f pl*, l'actif circulant *m*, l'actif réalisable *m*, la valeur réalisable
cycle   le cycle

D

daily   quotidien
damage   le dommage
danger   le danger
data   les données *f pl*
date   la date
day   le jour
day-to-day account   le compte à vue
death   le décès
débit   le débit, le doit
debit   débiter
debt   la dette
debtor   le débiteur
decide   décider
decision   la décision
decline   le déclin
decline   décliner
decrease   la diminution
decrease   diminuer
deduct   déduire
deductible (amount)   la franchise
deduction   la déduction
definitive   définitif
degree   le degré
delay   le délai
demand   la demande, la réclamation, la revendication
demand deposit   le dépôt à vue
department   le service, le département
department head   le chef de service
depend   dépendre
dependent   la personne à charge
deposit   le dépôt, le versement
deposit   verser
depreciable   dépréciable

depreciation   l'amortissement *m*, la dotation aux amortissements
describe   décrire
description   la description
detail   le détail
determine   déterminer
determined   déterminé
deviation   la déviation
difference   la différence
digit   le chiffre
diminish   diminuer
direct   direct
direct labor costs   les frais de la main-d'œuvre *m pl*
director   le directeur, l'administrateur
disadvantage   le désavantage
discount   l'escompte *m*, la réduction
disk   le disque
disposal   la disposition
dissemination   la dissémination
dissolution   la dissolution
dissolve   dissoudre
distinguish   distinguer
divide   diviser
dividend   le dividende
divorce   le divorce
document   le document
documentation   la documentation
dollar   le dollar
domain   le domaine
double-entry bookkeeping   la comptabilité en double partie
draw(ing) account   le compte de retraits
due date   la date d'échéance
duration   la durée
duty   le tarif douanier

E

earned   gagné
earnings per share   les bénéfices par action *m pl*
economic   économique
economist   l'économiste *m or f*
effect   l'effet *m*
effected   effectué
efficient   efficace
elapse   s'écouler
elected   élu

election   l'élection *f*
electricity   l'électricité *f*
element   l'élément *m*
employee   l'employé *m*
end   aboutir
enormous   énorme
enter   inscrire, enregistrer
entity   l'entité *f*
entry   l'écriture *f*, l'enregistrement *m*,
   l'inscription *f*
envelope   l'enveloppe *f*
equal   égal
equalization   la régularisation
equilibrium   l'équilibre *m*
equipment   l'équipement *m*, le matériel
erase   effacer
error   l'erreur *f*
especially   surtout
establish   établir
evaluate   évaluer
evaluation   l'évaluation *f*
evident   évident
exceed   excéder
excess   l'excédent *m*
exchange   échanger
exchange broker   l'agent de change *m*
exchange rate   le taux de change
excise tax   le tarif douanier
exempt   exempté
exemption   l'exemption *f*
expenditure   la dépense
expense   la dépense, la charge, le frais
explanation   l'explication *f*
expression   l'expression *f*
external   externe
eyes   les yeux *m pl*

F

face value   la valeur nominale
facility   la facilité
factory   l'usine *f*
fall   la baisse
fault   la faute
federal   fédéral
Federal Reserve bank   la banque fédérale
   de réserves
federal taxes   les impôts fédéraux *m pl*
figure   figurer

file   classer
file for bankruptcy   déposer son bilan
filing   le classement
fill out   remplir
final   final, définitif
finance   la finance
finance   financer
financial accounting   la comptabilité
   financière
financial statement   l'état financier *m*
financing   le financement
finished goods inventory   l'inventaire des
   produits finis *m*
fire insurance   l'assurance incendie *f*
first   premier
fiscal period   la période budgétaire,
   l'exercice *m*
fiscal policy   la politique fiscale
fixed   fixe
fixed asset   l'actif immobilisé *m*, l'actif
   immobilier *m*, l'immobilisation *f*
fixed ratio   le ratio établi (fixe)
flexibility   la flexibilité
fluctuation   la fluctuation
following   suivant
forecast   la prévision, le pronostic, la
   projection
forecast   prévoir, pronostiquer, projeter
forecast   prévu
foreign   étranger
foreign currency   la devise
foreman   le contremaître, l'agent de
   maîtrise *m*
forget   oublier
formality   la formalité
format   le format
formula   la formule
foundation   la fondation
fraud   la fraude
freight   le fret
French franc   le franc français
full-time   à plein temps
function   la fonction
funds, funding   les fonds *m pl*
furnish   fournir
furniture   les meubles *m pl*
future   l'avenir *m*
future value   la valeur future

G

gain   le gain
general   général
general journal   le journal général
general ledger   le grand-livre
general partner   l'associé général *m*
general partnership   la société collective
   générale
generally accepted accounting principles
   les principes de comptabilité
   généralement acceptés *m pl*
generate   générer
gift   le cadeau
give   donner
go down   baisser
go up   monter, augmenter
goal   le but
goods   les biens *m pl*
goods and services   les biens et services
   m pl
goodwill   la bonne volonté
gouvernment   le gouvernement
government bond   le bon du
   gouvernement, le titre du gouvernement
grant   accorder
gross   brut
gross income   le revenu brut
gross margin   le bénéfice brut, la marge
   brute (sur achat)
group   le groupe
growth   la croissance
guide   guider

H

happen   se passer, arriver
head   le chef
help   l'aide *f*
high   le haut
holding company   le holding
hostile   hostile
house   la maison

I

identify   identifier
immediately   immédiatement
important   important
improve   améliorer
inaccurate   incorrect
in advance   à l'avance

in cash   comptant, en espèces
in common   en commun
in triplicate   en triple
incentive program   le programme de
   motivation
include   inclure, comprendre
income   la recette, le revenu
income account   le compte de résultat
incorporated   incorporé
incorrect   incorrect
increase   l'augmentation *f,* la hausse
incur   encourir
incurred   encouru
indemnity   l'indemnité *f*
independent   indépendant
indicate   indiquer
indirect   indirect
individual   l'individu *m*
individual   individuel
individual retirement account   le compte
   individuel de retraite
industrial   industriel
inferior   inférieur
influence   l'influence *f*
influence   influencer
information   l'information *f,* les
   renseignements *m pl*
initial   initial
initial cost   le coût initial
install   installer
insurance   l'assurance *f*
insurance company   la compagnie
   d'assurances
insured   l'assuré *m*
intangible asset   l'actif incorporel *m,* la
   valeur incorporelle
intensity   l'intensité *f*
interest   l'intérêt *m*
interest   intéresser
interest rate   le taux d'intérêt
interim statement   l'état provisoire *m*
interior   intérieur
internal   interne
internal rate of return   le taux moyen de
   rentabilité
international   international
international business   le commerce
   international
interpret   interpréter

interrupt   interrompre
interruption   l'interruption *f*
interval   l'intervalle *m*
invention   l'invention *f*
inventory   l'inventaire *m*, le stock
invest   investir, placer
investigation   l'investigation *f*
investment   l'investissement *m*, le placement
investor   l'investisseur *m*
issuance   l'émission *f*
issue a bond   émettre un titre
itemized budget   le budget détaillé
itemized deductions   les déductions détaillées *f pl*

J

Japanese yen   le yen japonais
job   le poste
journal   le journal
judge   juger
jump   sauter

K

keep by hand   tenir à la main
know   connaître, savoir

L

land   le terrain
language   le langage
law   la loi
lawyer   l'avocat *m*
leave   quitter
ledger   le grand-livre
left   la gauche
legal   légal
legal entity   la personne juridique
legal entity status   la personnalité juridique
lend   prêter
letter   la lettre
leverage   le levier
liabilities   le passif
life insurance   l'assurance vie *f*
life span   la durée de vie
likely to   susceptible de
limit   la limite
limited   limité
limited partner   l'associé limité *m*

limited partnership   la société collective limitée
liquidate   liquider
liquidation   la liquidation
liquidity   la liquidité
list   la liste
loan   l'emprunt *m*, le prêt
loan company   la caisse d'emprunt
long-term   à long terme
long-term liability   le passif fixe
longevity   la longévité
loss   la perte
low   le bas
lower   inférieur
lower   baisser
lowering of taxes   la baisse d'impôts

M

machine   la machine
machinist   le machiniste
mail order   par correspondance
maintain   maintenir
majority   la majorité, la plupart
manage   gérer, diriger
management   la direction, la gestion, l'administration
management policy   la politique de la direction
manager   le gestionnaire, le directeur
managerial accounting   la comptabilité de gestion
managerial efficiency   l'efficacité gestionnaire *f*
manner   la manière
manpower   la main-d'œuvre
manual labor   le travail manuel
manufacturer   le fabricant
manufacturing costs   les coûts de fabrication *m pl*, les frais de fabrication *m pl*
marines   la marine
mark   marquer
market value   la valeur marchande
marketing   la commercialisation, le marketing
matching costs and revenus   la compensation de frais et recettes
materials   les matériaux *m pl*
materials inventory   l'inventaire des matériaux *m*

maximum valorization   la valorisation maximum
means   le moyen
measure   mesurer
member   le membre
merchandise   le bien, la marchandise
merge   fusionner, s'unir
merger   la fusion
minimum   le minimum
minute   minutieux
modification   la modification
money   l'argent *m*
money market   le marché monétaire
money order   le mandat postal
monthly   mensuel, mensuellement
mortgage   l'hypothèque *f*
multinational   multinational
multiply   multiplier
municipal   municipal
municipality   la municipalité
mutual   mutuel
mutual fund   la société de placement
mutual insurance company   la mutuelle

N

name   le nom
national   national
national currency   la monnaie nationale
national defense   la défense nationale
necessarily   nécessairement
necessary   nécessaire
need   avoir besoin de
negotiable instruments   les valeurs négociables *f pl*
net income   le revenu net
net loss   la perte nette
net profit   le bénéfice net
new   nouveau
nonetheless   néanmoins
nonprofit   non-rentable, non-lucratif
nonprofit organization   la société à but non-lucratif
norm   la norme
notice   remarquer
nuclear   nucléaire
number   le nombre, le numéro, le chiffre
numbered check   le chèque numéroté
numerous   nombreux

O

objective   l'objectif *m,* le but
obligated   obligé
obtain   obtenir
offer   offrir
office   le bureau
office furniture   les meubles de bureau *m pl*
office supplies   les fournitures de bureau *f pl*
on credit   à crédit, par crédit
on deposit   en dépôt
open   ouvert
operate   opérer
operating   d'exploitation
operating budget   le budget d'exploitation
operating expenses   les frais d'exploitation *m pl,* les frais d'administration *m pl*
operation   l'exploitation *f*
operational   opérationnel
opposite   le contraire
order   la commande, l'ordre *m*
original investment   l'investissement original *m*
over the counter   hors marché
overhead   les frais généraux *m pl*
owe   devoir
owner   le propriétaire
owners' equity   le capital propre

P

pair   la paire
paper money   l'argent de papier *m*
par value   la valeur au pair
parallel   parallèle
parent company   la maison mère
part   la partie
part-time   à mi-temps
participate   participer
partner   l'associé *m*
partnership   la société collective
party   le parti
patent   le brevet
pay   la paie
pay off debts   s'acquitter de ses dettes
payback period   la période de remboursement

payment   le paiement
payment of debt   l'acquittement des dettes *m*
pencil   le crayon
pension   la retraite
pension fund, retirement account   la caisse de retraite
per-share earnings   les bénéfices par action *m pl*
periodic   périodique
permanent   permanent
permission   la permission
permit   permettre
perpetual inventory   l'inventaire permanent *m*
personal income tax   les impôts sur les revenus personnels *m pl*
personnel   le personnel
petty cash   la petite caisse
phenomenon   le phénomène
physical plant   l'installation *f*
piece of furniture   le meuble
place of origin   le lieu de provenance
plan   le plan
plan   planifier
planning   la planification
planning and control   la planification et le contrôle
plant   l'installation *f*
policy   la police; la politique
portion   la portion
positive   positif
possessor   le possesseur
possibility   la possibilité
potential   potentiel, éventuel
pound sterling   la livre sterling
practically   pratiquement
precision   l'exactitude *f*, la précision
preferred stock   l'action privilégiée *f*
preliminary   préliminaire
premium (insurance)   la prime
prepaid expenses   les frais payés à l'avance *m pl*
preparation   la préparation
present   actuel
present   présenter
present net value   la valeur présente nette
present value   la valeur actuelle

president   le président
price increase   la hausse de prix
price-per-share earnings   le coefficient de capitalisation
principle   le principe
private   privé
privately owned business   le commerce de propriété individuelle
procedure   la procédure, le procédé
produce   produire
product   le produit
product demand   la demande pour le produit
production   la fabrication, la production
production costs   les frais de fabrication *m pl*
production of goods and services   la production des biens et services
production schedule   le plan de production
professional   professionnel
profit   le bénéfice, le profit
profit   profiter
profit and loss sheet   l'état de résultats *m*
profitability   la rentabilité
profitable   rentable
projected   projeté
promissory note   le billet à ordre
promote   promouvoir
proof   la preuve
property   la propriété
property taxes   les impôts sur les biens immobiliers *m pl*
proportion   la proportion
proprietor   le propriétaire
prosperity   la prospérité
protest   protester
prove   prouver
proxy   la procuration
public   public
publication   la publication
purchase   l'achat *m*
purchase cost   le coût d'achat
purchase price   le prix d'achat
purchases journal   le journal des achats
purchasing department   le service des achats

put   mettre
put in place   mettre en place

Q

quantitative   quantitatif
quantity   la quantité
quarter   le trimestre
quarterly   trimestriel, trimestriellement
quotation   le cours

R

ratio   le ratio
raw materials   les matières premières *f pl*
real estate   les biens immobiliers *m pl*
realized exchange gains and losses   les gains et pertes de change réalisés *m pl*
reason   la raison
reasonable   raisonnable
recapitulate   récapituler
receipts and expenses   les recettes et dépenses *f pl*
recent   récent
reconcile   concilier
reconciliation   le rapprochement
record   le record
recourse   le recours
recuperate   récupérer
reduce   réduire
reference   la référence
regional   régional
regular   régulier
regularization   la régularisation
reject   rejeter
reliability   la fiabilité
religious   religieux
relocation expenses   les frais de déplacement *m pl*
remain   rester
remainder   le restant
remuneration   la rémunération, la rétribution
render accounts   rendre comptes
render one's services   louer ses services
rent   la location, le loyer
rental   la location
reorganization   la réorganisation
reorganize   réorganiser
replenish   alimenter
report   le rapport

represent   représenter
request   la requête
requirement   l'exigence *f*
resource   la ressource
result   le résultat
retail   au détail
retailer   le détaillant
retain   retenir
retained earnings   les bénéfices non-distribués *m pl*
retained earnings statement   l'état des bénéfices non-distribués *m*
retire   prendre sa retraite
return   rapporter
return (of merchandise)   la reprise, le retour
return (financial)   le rendement
return on investment   la rentabilité du capital (des capitaux investis)
return on total assets   le rendement du capital
reunite   réunir
revenue   le revenu
revise   réviser
right   la droite
right   le droit
rise   la hausse
risk   le risque
run out   s'écouler
running, functioning   le déroulement, le fonctionnement

S

safe   le coffre-fort
safeguard   sauvegarder
salary   le salaire
sale   la vente
sale price   le prix de vente
sales   les ventes *f pl*
sales department   le service des ventes
sales forecast   la prévision des ventes
sales journal   le journal des ventes
sales receipts   les recettes de vente *f pl*
sales representative   le vendeur
sales tax   l'impôt sur les ventes *m*
satisfy   satisfaire
save   économiser, mettre de côté
savings   les économies *f pl*
savings account   le compte d'épargne

savings and loan association   la caisse d'emprunt-épargne
savings bank   la caisse d'épargne
science   la science
sector   le secteur
securities   les effets *m pl,* les valeurs *f pl,* les titres *m pl*
selected   sélectionné
sell   vendre
separate   séparer
series   la série, la suite
serve   servir
service charges (banking)   les frais de banque *m pl*
share   l'action *f*
share   partager
shareholder   l'actionnaire *m or f*
shareholders' meeting   la réunion des actionnaires
sheet (of paper)   la feuille (de papier)
short-term   à court terme
show   montrer
side   le côté
small change   la petite monnaie
social   social
Social Security   la Sécurité Sociale
solicited   sollicité
source   la source
special   spécial
specific   spécifique
spend   dépenser
spread   répartir
stage   le stade, l'étape *f*
stamp   le timbre-poste
state   l'état *m*
statement   l'état *m,* le relevé
statistic   la statistique
steal   voler
steer   diriger
stipulate   stipuler
stock   le stock, l'inventaire *m;* l'action *f*
stock exchange   la Bourse
stock market   le marché des valeurs
stockholder   l'actionnaire *m or f*
stockholders' equity   le capital propre
store   le magasin
strategy   la stratégie
stream of services   la série de services
strict   strict

study   étudier
subledger   le sous-journal
subsidiary   la filiale, le subsidiaire
subsidiary ledger   le grand-livre auxiliaire
sue   poursuivre
sum   la somme, le montant
summarize   résumer
summary   le résumé
supervisor   le contremaître, l'agent de maîtrise *m*
supplemental   supplémentaire
supplier   le fournisseur
supply and demand   l'offre et la demande *m*
supporting documents   la documentation à l'appui
surplus   l'excédent *m*
synergy   la synergie
system   le système

T

table   le tableau
take away   supprimer
take over   acquérir
take place   avoir lieu
takeover   l'acquisition *f*
talent   le talent
tangible asset   l'actif corporel *m*
tape (magnetic strip)   la bande magnétique
tax   l'impôt *m*
tax   imposer
tax payment   le paiement des impôts, la contribution d'impôts
tax rate   le taux d'imposition
tax return   la déclaration des impôts
taxable   imposable
taxable income   le revenu imposable
taxation   l'imposition *f*
technical   technique
technician   le technicien
temporary   temporaire
tendency   la tendance
term   le terme
terminate   terminer
terminology   la terminologie
theft insurance   l'assurance vol *f*
throw   lancer

time value la valeur temporaire
time value of money la valeur temporaire
  de l'argent
tip le pourboire
title le titre, l'intitulé *m*
today aujourd'hui
tool l'outil *m*
top-down system le système top-down
total total
trademark la marque de fabrique
transaction la transaction
transcribe transcrire
transfer le transfert, l'assignation *f*
transfer transférer
transportation (means of) le moyen de
  transport
traveler's check le chèque de voyage
treasurer le trésorier
treasury bond le bon du Trésor
trend la tendance
trend analysis l'analyse des tendances *f*
trial balance la balance de vérification
triplicate triple exemplaire
type le type

U

uncontrollable incontrôlable
underlined souligné
union le syndicat, l'union *f*
unit l'unité *f*
unite s'unir
upkeep l'entretien *m*
use employer, utiliser
utilization l'utilisation *f*

V

valid valable
value la valeur
value maximization la valorisation
  maximum
variable variable
variation la variation
verify vérifier
vice president le vice-président
vote le vote

W

wage earner le salarié
week la semaine
wholesale en gros
wholesaler le grossiste
withdraw retirer
withdrawal le retrait
withhold retenir, prélever
word le mot
work le travail
work travailler
work sheet la balance carrée
work-in-process inventory l'inventaire
  du travail en cours *m*
worker l'ouvrier *m*
workers' union le syndicat ouvrier
world le monde
written receipt le réçu par écrit

Y

year l'année *f*
yield rapporter

INDEX

actif, 11, 41, 47, 72, 79, 119-120

actionnaires, 3, 23, 25, 32, 131

actions, 14, 131-132; ordinaires, 14; privilégiées, 14

agent de change, 12

amortissement, 31, 119

annuité, 38

argent, 13

argent liquide, 113

balance carrée, 89; de vérification, 85-86, 89

banque, 12

bénéfice par action, 132

bilan, 47, 72, 80, 95, 148

bons du Trésor, 14

Bourse, 14

budget, 53, 153-154

caisse d'emprunt, 13; de retraite, 13; enregistreuse, 113

cash flow, 38

commerce international, 157

compagnies d'assurances, 12

comptable, 71

comptabilité de gestions, 147; en double partie, 80

compte de capital, 80, 127; de résultat, 95, 101; de retrait, 80

conseil d'administration, 3, 5, 113

contrôle, 107, 113

contrôleur, 3

coopérative de crédit, 12

coût des biens vendus, 102; fixe, 54; variable, 54

cycle comptable, 85

décaissements, 114

dettes, 13

direction, 41

dividendes, 132

états comptables et financiers, 47-49, 95-97, 131

effets de commerce, 13

encaissements, 114

entreprises, 3-4, 23, 49, 71, 101

escompte, 42

faillite, 60

filiale, 24

finances internationales, 63-64

flux monétaire, 42, 53, 137

fonctions administratives, 8

frais de fabrication, 147

fusion, 59

grand-livre, 79-80, 85-86

holding, 24

immobilisations, 119

impôts, 31-33

indemnité, 13

intérêt composé, 37-38

intermédiaires financiers, 12

inventaire, 102

investissements, 41

journal, 86, 108-109

marchés commerciaux, 11

marché de devise, 63

obligations, 14

passif, 11, 47, 72, 79, 120

période de remboursement, 42

petite caisse, 114

plus-value, 32

point d'équilibre, 63

police d'assurance, 12

président-directeur général, 3

prime, 13

ratios, 49, 141-143

revenu imposable, 31; ordinaire, 32; personnel, 32

risque, 43, 64, 157

société anonyme, 3, 23-25; collective, 23, 125-127; de placement, 13

soldes de clôture, 97

sous-journaux, 108

système comptable, 71, 107; financier, 11-15

taux de change, 63, 158; d'intérêt, 15, 38; de rentabilité, 42

teneur de livres, 72

titres, 14

trésorier, 4

valeur temporaire de l'argent, 42, 47

valeurs corporelles, 119-120; incorporelles, 120

valorisation maximum, 3, 6

vérification de comptes, 141

vice-président de finances, 3